INSTRUÇÃO GERAL SOBRE O MISSAL ROMANO

INSTRUÇÃO GERAL SOBRE O MISSAL ROMANO

Comentários de J. Aldazábal

Paulinas

Dados Internacionais de Catalogação na Publicação (CIP)
Angélica Ilacqua CRB-8/7057

Instrução geral sobre o missal romano / comentários de J. Aldazábal ; [tradução de Antonio Francisco Lelo]. – 6. ed. revista e atualizada – São Paulo : Paulinas, 2024.
256 p. (Coleção comentários)

Bibliografia
ISBN 978-65-5808-299-6

1. Igreja católica - Liturgia 2. Missais I. Aldazábal, J. II. Lelo, Antonio Francisco III. Série

24-2125 CDD 264.02

Índice para catálogo sistemático:

1. Igreja católica – Liturgia

Título original da obra: *Ordenación general del Misal Romano*

Direção-geral: Flávia Reginatto
Editores responsáveis: Vera Ivanise Bombonatto
Antonio Francisco Lelo
Tradução: Antonio Francisco Lelo
Coordenação de revisão: Marina Mendonça
Copidesque: Cirano Dias Pelin
Revisão: Ana Cecilia Mari e Leonilda Menossi
Direção de arte: Irma Cipriani
Gerente de produção: Felício Calegaro Neto
Capa e produção de arte: Manuel Rebelato Miramontes

6ª edição revista e atualizada

Paulinas

Rua Dona Inácia Uchoa, 62
04110-020 – São Paulo – SP (Brasil)
Tel.: (11) 2125-3500
paulinas.com.br – editora@paulinas.com.br
Telemarketing e SAC: 0800-7010081

ABREVIATURAS

CCE	*Catechismus Catholicae Ecclesiae* (Catecismo da Igreja Católica)
CIC	*Codex Iuris Canonici* (Código de Direito Canônico)
IGLH	*Institutio Generalis Liturgiae Horarum* (Instrução Geral da Liturgia das Horas)
IGMR	*Institutio Generalis Missalis Romani* (Instrução Geral do Missal Romano)
OLM	*Ordo Lectionum Missae* (nova edição 1981) (Elenco das Leituras da Missa)
SC	Vaticano II. *Sacrosanctum Concilium*

TABELA DE CORRESPONDÊNCIA ENTRE IGMR (1975) E IGMR (2002)

IGMR 1975	IGMR 2002	IGMR 1975	IGMR 2002	IGMR 1975	IGMR 2002	IGMR 1975	IGMR 2002
-	1	-	22	21	43	38	63
-	2	-	23	22	44	39	63c
-	3	-	24	23	45	40	64
-	4	-	25	24	46	41	65
-	5	-	26	25	47	-	66a
-	6	7	27	26	48	42	66b
-	7	8	28	27	49	43	67
-	8	9	29	28	50	44	68
-	9	10	30	29a	50	45	69
-	10	11	31	29b	51	46	70
-	11	12	32	30	52	47	71
-	12	13	33	31	53	48	72
	13	14	34	32	54	49	73
-	14	15	35	33	55	50	74
-	15	16	36	-	56	51	75
1	16	17	37	34	57	52	76
2	17	18	38	-	58	53.32	77
3	18	19	39	34	59	54	78
4	19	19	40	35	60	55	79
5	20	19	41	36	61	56	80
6	21	20	42	37	62	56a	81

IGMR 1975	IGMR 2002	IGMR 1975	IGMR 2002	IGMR 1975	IGMR 2002	IGMR 1975	IGMR 2002
56b	82	77	115	109b	150	138	183
56c,e	83	78	116	-	151	139	184
56f,g	84	79	117	110	152	140	185
56h	85	80	118	111	153	141	186
56i	86	81	119	112	154	142	187
56i	87	82	120	113	155	143	188
56j	88	83	121	114	156	144	189
56k.32	89	84	122	115	157	145	190
57	90	85	123	116	158	146	191
58	91	86	124	119	159	147	192
59	92	87	125	117a	160	-	193
60	93	87.53	126	117-118	161	148	194
61	94	88	127	119	(159)	149	195
62a	95	89	128	-	162	150	196
62b	96	90	129	-	163a	151	197
62c	97	91	130	120	163b	152	198
63	(103)	92	131	121	164	153	199
64	(104)	93	132	122	165	-	200
65	98	94	133	123	166	154	201
66	99	95	134	124a	167	155	202
66.68	100	96	135	124b	168	157	203
66	101	97	136	125	169	158	204
67	102	98	137	126	170	159	205
63	103	99	138	127	171	156	206
64	104	100	139	128	172	-	207
68	105	101	140	129	173	160	208
69	106	102	141	130	174	161	209
70	107	103	142	131	175	162	210
-	108	104	143	-	176	163	211
71	109	105	144	132	177	164	212
72	110	106	145	133	178	165	213
73	111	107	146	134	179	166	214
74	112	108	147	135	180	167	215
75	113	108	148	136	181	168	216
76	114	109a	149	137	182	169	217

IGMR 1975	IGMR 2002	IGMR 1975	IGMR 2002	IGMR 1975	IGMR 2002	IGMR 1975	IGMR 2002
170	218	205	248	237	278	269	307
171	219	206	249	238	279	270	308
172	220	207	250	239	280	272	309
173	221	208	251	240	281	271	310
174	222	209	252a	241	282	273	311
175	223	210	252b	242	283	274	312
176	224	-	253	-	284	275	313
177	225	211	254	243	285	276	314a
178	-	212	255	244-245	286	277	314b
179	226	213	256	246-247	287	-	315
180	227	214	257	248	-	-	316
181	228	215	258	249	-	-	317
182	-	216	259	250	-	278	318
183	229	-	260	251	-	280	-
184	230	217	261	252	-	281	319
185	231	218	262	253	288	282	320
186	-	219	263	254	289	283	321
187	232	220	264	255	290	284	322
188	233	221	-	256	291	285	323
189	234	222	-	279	292	286	324
190	235	223	-	280	293	287	325
191	236	224	-	257	294	288	326
192	237	-	265	258	295	289	327
193	238	225	266	259	296	294	328
194	239	226	267	260	297	290.292	329
195	240	227	268	261	298	291	330
196	241	228	269	262	299	293	331
197	242	229	270	265	300	295	332
198	243	230	271	263	301a	296	333
199	244	231	272	264	301b	-	334
200	245	232	273	266	302	297	335
201	246	233	274	267	303	298	336
202	-	234	275	268	304	299	337
203	-	235	276	-	305	300	338
204	247	236	277	-	306	301	339

IGMR 1975	IGMR 2002	IGMR 1975	IGMR 2002	IGMR 1975	IGMR 2002	IGMR 1975	IGMR 2002
302	340	316	355	329	371	-	387
303	341	317	356	330	372	-	388
304	342	318	357	331	373	-	389
305	343	319	358	332	374	-	390
306	344	320	359	-	375	-	391
307	345	OLM 80	360	333	376	-	392
308	346	OLM 81	361	334	377	-	393
309	-	325	362	-	378	-	394
310	347	323	363	335	379	-	395
311	348	321	364	336	380	-	396
-	349	322	365	337	381	-	397
-	350	-	366	338	382	-	398
312	351	325	367	339	383	-	399
313	352	326	368	340	384		
314	353	327	369	341	385		
315	354	328	370	-	386		

INTRODUÇÃO

Na Quinta-feira Santa do ano 2000, o papa João Paulo II assinou a nova *Institutio*, ou Introdução ao Missal Romano (*Institutio generalis Missalis Romani = IGMR*). Também a 1ª e a 2ª edição deste Missal (anos 1970 e 1975) levaram a data da Quinta-feira Santa.

Essa *Institutio* adiantou-se à terceira edição típica do Missal Romano, que foi publicada dois anos depois, em 2002: assim, nessa edição definitiva puderam ser feitos, ainda, alguns retoques a esta introdução, segundo as observações recebidas, em Roma, de todo o mundo.

A edição típica latina, que serve de obrigatório ponto de referência para as mais de quatrocentas traduções em línguas vivas, apareceu, pois, em 2002, e demorou até 2023 para preparar e publicar, sob a guia da Conferência Episcopal (espanhola), uma tradução muito cuidada do Missal, aprovada depois por Roma.

Aqui, apresentamos o texto e os comentários da *Institutio*.

O encargo do Concílio

Quando, em dezembro de 1963, no Concílio Vaticano II, foi aprovado o primeiro documento oficial, a constituição de liturgia *Sacrosanctum concilium*, começou-se um longo processo de reforma da liturgia eclesial.

Aquele documento conciliar, além de formular de um modo mais claro as linhas teológicas do que é a liturgia, sobretudo como prolongamento eclesial do sacerdócio de Cristo, concedeu também umas normas e diretrizes para essa reforma — por exemplo, as referentes às adaptações mais ou menos profundas que as conferências episcopais podiam fazer nos livros oficiais.

A respeito da Eucaristia, o capítulo II da *Sacrosanctum concilium* dava umas diretrizes concretas para a revisão do Missal:

- buscar maior claridade nos textos e ritos;
- facilitar a participação ativa dos fiéis;
- preparar para o povo cristão "a mesa da Palavra de Deus com maior abundância";
- simplificar alguns ritos, evitando repetições;
- restabelecer outros que se haviam perdido na história, como a oração universal, a concelebração e, em grande parte, a homilia dominical;
- abrir a porta para o uso das línguas vivas, além do latim;
- e para a comunhão sob as duas espécies.

A partir de 1964, e debaixo da guia do *Concilium* que se formou para levar a cabo essa reforma, realizou-se, com peritos de toda a Igreja, uma séria revisão dos livros litúrgicos, principalmente do Missal e do Lecionário.

Breve história da nova edição

A primeira edição do Missal de Paulo VI apareceu em 1970, exatamente 400 anos depois da edição do Missal que São Pio V publicou (1570), por encargo do Concílio de Trento, que, por sua vez, era quase cópia do Missal editado em Milão um século antes, no ano de 1474 (cf. IGMR 7). A edição de 1970 foi preparada, sob a responsabilidade do *Consilium*, pelo *Coetus X*, ou seja, pelo seu "grupo de trabalho número 10", seguindo as diretrizes conciliares para a reforma do Missal.

Também naquela ocasião, como na terceira edição atual, a *Institutio* foi dada a conhecer antes, em 1969, e assim, na edição já oficial de 1970, puderam ser introduzidas algumas mudanças significativas: por exemplo, o que se diz no n. 7 (agora 27), sobre o protagonismo da comunidade, o papel de seu presidente como representante de Cristo e as diversas maneiras da presença de Cristo ao longo da celebração; no n. 48 (agora 72), sobre a Eucaristia como memorial da cruz de Cristo; e no n. 60 (agora 93), sobre a atuação do sacerdote que preside a celebração. Publicou-se, também, o proêmio que Paulo VI quis que precedesse o novo Missal.

Quando se esgotaram os livros daquela primeira edição latina, e depois de uma "reimpressão" em 1972, surgiu a segunda edição, em 1975, com algumas modificações, devidas, sobretudo, aos novos livros e às normas que haviam aparecido na Igreja: por exemplo, a supressão do subdiaconato, que Paulo VI tinha decidido em 1972.

Agora aparece a 3ª edição, que se estava fazendo necessária porque fazia anos que se haviam esgotado os exemplares em latim da segunda edição, e sobretudo porque, desde 1975, estavam sendo publicados diversos livros litúrgicos e documentos eclesiais que tinham repercussão no Missal: o Ritual da dedicação de igrejas (1977); o Gradual de cantos (1979); a nova edição do Lecionário, com uma introdução mais rica (1981); o novo Código de Direito Canônico (1983); o Cerimonial dos bispos (1984); a carta de João Paulo II *Vicesimus quintus annus* (1988); o Catecismo da Igreja Católica (1992) e várias Instruções da Congregação para o Culto Divino: a referente à inculturação, *Varietates legitimae* (1994), a dos ministérios dos leigos, *Ecclesiae de mysterio* (1997), e a que regula, agora, a tradução dos livros litúrgicos, *Liturgiam authenticam* (2001).

Por outra parte, dever-se-ia introduzir no Missal os textos das missas de santos recentemente incorporados ao calendário universal.

Há de ter em conta que vários dos textos que agora aparecem como novos na edição típica latina já haviam encontrado lugar em alguns dos missais em línguas vivas, entre os quais o espanhol.

Ademais, quando aqui falamos de "novidades", entende-se que nos referimos às da edição latina da *Institutio* de 2000, a não ser que digamos, explicitamente, que são da definitiva de 2002.

O Missal e o Lecionário

O Missal é o livro oficial segundo o qual a comunidade cristã celebra sua Eucaristia. Compreende um primeiro volume com as orações que diz o presidente, chamado propriamente Missal, ou Livro de altar, e um segundo volume com as leituras bíblicas que se proclamam ao longo de todo o ano, o Lecionário.

O primeiro, o Missal, recebeu, na história, diversos nomes, como "Sacramentário" e "Oracional". O Lecionário" se chamou, também, em outros tempos, *Comes*, *Liber comitis* ou *Liber commicus*, da palavra *comes*, que significa "seção, passagem, perícope". Agora se chama, também, *Ordo lectionum missae*, "Ordenação das leituras da missa". Durante vários séculos, uniam-se em um mesmo volume para o altar tanto as orações como as leituras bíblicas: é o que tinham — e seguem tendo — os fiéis nos chamados "missais". Agora, para a celebração, voltam-se a distinguir o Missal e o Lecionário.

a) O Missal contém as orações e os cantos que dirigimos a Deus ao longo do ano na missa: a oração de entrada (a "oração coleta"), a da preparação das oferendas ("oração secreta ou sobre as oferendas"), a que conclui a missa (a "pós-comunhão") e, sobretudo, os prefácios e as orações eucarísticas.

   O Missal, depois de sua introdução, ou *Institutio*, contém as orações do "próprio do Tempo", ou seja, a série de tempos litúrgicos centrados no mistério de Cristo (Advento, Natal, Quaresma, Páscoa e Tempo ordinário). Depois, as orações das festas de santos, tanto as "próprias" de cada um como as "comuns" (comum dos apóstolos, ou de mártires etc.). Finalmente, há outras seções com "missas votivas" (para quando queremos celebrar, por exemplo, uma missa do Espírito Santo, ou da Virgem Maria), as missas de defuntos, as próprias dos vários sacramentos (missas "rituais") e as missas "pelas diversas circunstâncias" (quando rezamos, expressamente, por exemplo, pela paz no mundo).

Até a metade do volume — para facilitar seu uso — está o chamado "Ordinário da Missa", as orações e demais elementos que se dizem sempre (saudações, ato penitencial, glória, rito da comunhão, bênçãos etc.), sobretudo os prefácios e as orações eucarísticas. Agora, temos quatorze orações eucarísticas completas. A primeira é o antigo cânon romano, que parece ter sido formado no século IV. Da segunda à quarta, são as novas que se introduziram no ano de 1968. Ademais, temos a oração V, própria do Brasil, feita por ocasião do Congresso Eucarístico de Manaus, e a oração "para diversas circunstâncias", que são, na realidade, quatro. Completam-se com as duas para missas de reconciliação e as três para missas com crianças.

b) O Lecionário ficou muito enriquecido na reforma pós-conciliar. Consta de vários volumes: o Lecionário dominical em três ciclos anuais (A, B, C), o ferial em dois (o I e o II), o Lecionário para a celebração dos distintos sacramentos, o das missas de santos e o das missas votivas e diversas. Assim mesmo, há um Lecionário optativo para as missas com crianças, assim como outro com leituras para as 46 missas votivas da Virgem Maria, que foi publicado em 1987, para o Ano Santo Mariano, e que se utiliza, sobretudo, nos santuários. Também existe, dentro dos volumes do Lecionário, um especial com os evangelhos das festas mais solenes, chamado "Evangeliário", que recebe sinais muito especiais de respeito e veneração. Assim, seguiu-se a diretriz do Concílio de oferecer ao povo cristão uma seleção mais rica e variada da Palavra de Deus (SC, n. 51).

A primeira edição latina desse Lecionário renovado apareceu em 1969. No ano de 1981, foi publicada uma segunda, com uma introdução (prenotandos) muito mais rica. É essa segunda edição a que citaremos em nosso comentário (= OLM).

As "novidades" da terceira edição

Esta terceira edição não é um "novo Missal" nem uma "nova introdução ao Missal". O que teve novidades foi o Missal de Paulo VI, no ano de 1970, se comparado com o de São Pio V, que esteve vigente nos últimos quatro séculos. As coisas que mudaram nesta terceira edição do Missal não são, certamente, o principal do livro, nem na introdução nem no corpo do Missal. O principal já foi introduzido na edição de 1970: por exemplo, o papel protagonista da comunidade e sua relação com o ministério do presidente, a importância da Palavra, as novas orações eucarísticas, a introdução das línguas vivas, da oração dos fiéis ou da comunhão com as duas espécies.

O Advento e a Páscoa têm, agora, orações diferentes para cada dia. Na Quaresma, acrescenta-se para cada dia uma "oração sobre o povo", no final da missa, e nos domingos deste tempo suprime-se a bênção solene que havia, a fim de deixar lugar, também, para uma especial "oração sobre o povo".

Há novas missas para os poucos santos recentemente incorporados ao calendário universal, para a vigília das festas da Epifania e da Ascensão e para a vigília prolongada na solenidade de Pentecostes. Foram organizadas as missas do tempo comum, e no tempo comum das missas da Virgem são oferecidos seis formulários novos. Acrescentou-se um prefácio para as missas dos mártires, tomado do *Sacramentário veronense*. Não sabemos por que não incluíram na edição latina os novos prefácios que, em 1988, foram acrescentados para as missas do Advento, Quaresma, festas da Virgem etc., como também os "embolismos" variantes incluídos nas orações eucarísticas para ocasiões diversas. Esperamos que, uma vez introduzidos, não sejam excluídos, agora, nos missais traduzidos.

Há um detalhe significativo na apresentação tipográfica da nova edição latina do Missal. A imagem gráfica do Crucificado, que antes se situava depois do prefácio, antes do *Te igitur*, agora está antes do diálogo que introduz o prefácio. A nova disposição tipográfica torna mais claro que a oração eucarística começa já com o prefácio e forma um só corpo com ele.

O texto latino das duas orações da reconciliação experimenta várias modificações (cf. GOÑI, J. A. Las plegarias eucarísticas de la reconciliación en la 3ª edición del Misal Romano. *Phase* 265, 2005. pp. 7-35), enquanto não apresenta, agora, mudança alguma o da oração eucarística para as diversas circunstâncias, que já havia sido reelaborado oficialmente em latim no ano de 1991. Resulta uma novidade contar com a versão típica latina das orações para as missas com crianças que, como a proveniente do sínodo suíço para diversas circunstâncias, foram editadas, originariamente, em várias línguas modernas e agora têm esta versão latina como ponto de referência para as traduções.

Um santoral renovado

Entre os vários aspectos da terceira edição do Missal Romano, torna-se interessante saber como ficou o calendário das festas dos santos.

Chamam a atenção as festas de alguns gupos (bastante numerosos) de *mártires das novas igrejas*: 21 de maio, Cristóvão Magalhães e companheiros, do México, que João Paulo II canonizou no ano 2000; 9 de julho, Agostinho Zhao Rong e companheiros, da China, canonizados também em 2000; 20 de setembro e 24 de novembro, André Kim Taegón e companheiros, da Coreia, canonizados em 1984, André Dung Lac e companheiros, do Vietnã.

Outros *mártires* foram incorporados, individualmente, ao calendário como modelos de fortaleza na fé: 23 de abril, Adalberto, bispo de Praga e mártir, cujo sepulcro João Paulo II visitou quando da comemoração dos mil anos do santo (997-1997); 20 de julho, Apolinário, bispo de Ravena e mártir, a pedido de muitas dioceses da Itália; 9 de agosto, Teresa Benedita da Cruz (Edith Stein), carmelita alemã, de raça judia, mártir em Auschwitz em 1942, canonizada em 1998 e, desde 1999, co-padroeira da Europa; 14 de agosto, Maximiliano M. Kolbe, sacerdote polonês, mártir em 1941 nos campos de concentração, canonizado em 1982; 25 de novembro, Catarina de Alexandria, virgem e mártir, cujos dados históricos não são muito seguros, mas que foi incorporada ao calendário depois da visita do papa ao Mosteiro de Santa Catarina no

Sinai, em 2000. Vemos a variedade de motivações que estão na base das novas presenças no calendário.

Outros santos são incorporados ao calendário porque, de alguma maneira, *foram considerados significativos* para a comunidade cristã: 8 de fevereiro, Josefina Bakhita, religiosa do Sudão, que morreu em 1947 e foi canonizada em 2000; 28 de abril, Luís M. Grignion de Montfort, sacerdote francês, apóstolo da devoção mariana; 22 de maio, Rita de Cássia, 24 de julho, Charbel Makhluf, sacerdote maronita libanês, canonizado em 1977; 2 de agosto, Pedro J. Eymard, sacerdote francês, apóstolo da Eucaristia; 9 de setembro, Pedro Claver, jesuíta catalão, apóstolo defensor dos escravos negros na Colômbia.

Outras memórias são *devocionais*, cujo sentido pode resultar mais difícil de entender, porque algumas delas tinham desaparecido do calendário em 1969 e agora voltam como memórias livres: 3 de janeiro, o santo Nome de Jesus (que se poderia considerar "duplicata" de 1º de janeiro: a circuncisão e a imposição do nome); 13 de maio, Nossa Senhora de Fátima, por ser um centro mundial de peregrinações marianas, com o qual teve relação muito particular João Paulo II, sobretudo depois do atentado de 1981; 12 de setembro, o santo Nome de Maria (também uma certa "duplicata" do 8 de setembro, nascimento de Nossa Senhora).

A este grupo pertencem outras duas pequenas novidades: o segundo domingo de Páscoa, além de ser chamado, apenas, de "domingo in albis" e "oitava da Páscoa", como sempre, tem agora, também, o "subtítulo" da "Divina Misericórdia", ainda que não mudem nem as orações nem as leituras; e na sexta-feira anterior ao domingo de Ramos pode-se fazer, também, se se quiser, uma comemoração das Dores de Nossa Senhora.

Há, também, algumas *mudanças de data*. Basta um exemplo: a memória de santa Francisca de Chantal passou de 12 de dezembro para 12 de agosto. Ela morreu em 13 de dezembro, dia "ocupado" por santa Luzia; e 12 de dezembro é "péssima" data, porque coincide com a Virgem de Guadalupe, padroeira de toda a América; por isso foi passada para 12 de agosto, data do translado de suas relíquias.

Também houve algumas *mudanças de categoria*. Santo Estanislau, 11 de abril, passa a ser memória obrigatória (já desde 1979), a pedido do episcopado polonês: trata-se de um bispo de Cracóvia, antecessor, portanto, do papa João Paulo II. A memória do Imaculado Coração de Maria é agora memória obrigatória (desde 1996).

De tudo isso podemos deduzir que:

a) enriqueceu-se o calendário, propondo à Igreja santos antigos e modernos como modelos e estímulos de vida evangélica;

b) o calendário segue com a tendência de maior internacionalização do santoral: não somente os países do Mediterrâneo, mas a Igreja universal continua dando frutos de santidade;

c) a distinção, que já começou na reforma de 1969, entre memórias obrigatórias e livres, permite esse enriquecimento para o bem das igrejas locais sem carregar o calendário universal nem diminuir a primazia que têm a Páscoa, o domingo e, em geral, as festas do Senhor;

d) das dezenove celebrações novas (algumas das quais haviam aparecido nos missais nacionais em anos anteriores, e outras pela primeira vez nesta edição do Missal) somente três passam a ser memória obrigatória para toda a Igreja, M. Kolbe, A. Kim Taegón e D. Dung Lac (para a Europa, naturalmente, também uma de suas co-padroeiras, Edith Stein).

e) ademais, muitos santos têm no novo Missal (em seu original típico latino) um formulário mais completo de orações (antes tinham somente a coleta): assim, por exemplo, Timóteo e Tito, Cirilo e Metódio, Perpétua e Felicidade, Felipe Neri, Bento, M. Kolbe, Bernardo, Francisco Xavier, Ambrósio etc.*

* Há, ainda, outras disposições que se aplicam ao Missal, na 3ª edição brasileira, que se encontram descritas resumidamente no texto de apresentação de Dom Edmar (MISSAL ROMANO. 3. ed. típica latina, pp. 7-8) (N.E.).

A *Institutio* do Missal

Os livros litúrgicos que foram aparecendo depois do Vaticano II têm uma característica: como introdução ao corpo do livro apresentam os chamados *prenotandos*, ou o que, no caso do Missal (e também na Liturgia das Horas), chama-se *Institutio* geral do Missal Romano, que se pode traduzir como "princípios e normas" para a celebração da Eucaristia.

Em cada nova edição dos livros litúrgicos, a Congregação para o Culto Divino introduz as mudanças que sugerem a experiência ou uma maior reflexão teológica e pastoral, ou a nova legislação que tenha aparecido desde a anterior. Assim sucedeu quando, em 1981, fez-se a segunda edição do Lecionário (a primeira havia aparecido em 1969), ou quando, mais tarde, apareceram as novas edições do Ritual do matrimônio ou das ordenações (1990). Em todos os casos, os novos *prenotandos* vão experimentando uma notável melhora quanto aos seus conteúdos.

Na *Institutio* do Missal, passou-se, agora, de 340 números a 399. Porém há de levar em conta que a numeração atual não segue ordenadamente a anterior, porque alguns parágrafos foram suprimidos ou desglosados e, além disso, os números do proêmio que Paulo VI pôs na primeira edição situavam-se, antes, à parte e agora estão na mesma *Institutio* (nn. 1-15).

Na nova edição desta *Institutio*, há muitas matizações e acréscimos com respeito à edição anterior, de 1975. Muitas delas provêm do que se havia publicado no Cerimonial dos bispos ou em outros documentos oficiais posteriores.

Algumas dessas modificações tendem a *simplificar* alguns ritos. Antes (cf. o n. 233 anterior), mandava-se, por exemplo, que, cada vez que os ministros passassem diante do sacrário, tinham de fazer genuflexão, e agora se diz que só ao chegar ao presbitério ou ao término da missa, se o sacrário está nesse âmbito (n. 274). O rito de entrada fica simplificado quando a Eucaristia se une a outra celebração, como a aspersão batismal dos domingos ou os salmos da Liturgia das Horas

(n. 46). A antífona de entrada, se não é cantada, pode ser retomada na monição inicial (n. 48); não se sabe se é também o caso das normas sobre o uso da "cânula" e da "colherinha" para comungar com o vinho, que desapareceu de todos os números, exceto do n. 245. É verdade que, por outra parte, se nota uma certa complicação e meticulosidade rubricista na forma de descrever e regular o modo da incensação (nn. 276-277) ou a comunhão dos concelebrantes (nn. 242-249). Alguns subtítulos poderiam ter sido simplificados na IGMR, porque já estão bastante extensos no corpo mesmo do "Ordo missae", como o início do Evangelho (n. 175) ou da oração eucarística (n. 148).

É totalmente novo o capítulo IX, sobre as *adaptações* que competem aos bispos e às conferências episcopais, consequência da instrução de 1994 *Varietates legitimae*, sobre a inculturação na liturgia. Várias vezes, a nova edição aponta que os bispos hão de ter uma sensibilidade atenta à cultura do próprio povo, ao realizar as adaptações que se lhes encomendam. Também são novos os nn. 22-26, sobre o bispo e seu papel como responsável último da vida litúrgica de uma diocese, e as adaptações que dependem do mesmo sacerdote que preside.

Notam-se, ademais, outras mudanças entre a versão do ano 2000 e a definitiva de 2002. Algumas passagens que estavam na edição de 1975 haviam desaparecido na "prévia" de 2000 e voltaram a aparecer na definitiva: o beijo no altar (n. 49), o momento exato da sequência (n. 64), a resposta da comunidade à oração universal (n. 71), o envio aos trabalhos da vida (n. 90), a preparação da missa em equipe (n. 111), a pronúncia, em segredo, das orações do ofertório (nn. 141-142) etc.

Intenção pastoral das mudanças

As normas concretas que foram introduzidas ou modificadas na nova edição são de gêneros muito diversos: algumas são do tipo teológico (o protagonismo do bispo), outras têm uma finalidade espiritual (o sacerdote e sua missa diária); umas querem favorecer maior participação (silêncio, canto, posturas), outras explicam cerimônias (como incensar, como benzer) ou descrevem e motivam os lugares e suas qualidades (altar, sacrário, presbitério).

Porém todas têm sempre, como também a tem as que não foram mudadas, uma intenção pastoral. Sua finalidade é, sempre, a de favorecer a melhor participação da comunidade numa celebração profunda do Mistério. E isso em várias direções:

a) que a celebração se faça de tal forma que ajude a uma participação mais respeitosa e profunda; com frequência — o que não fazia tantas vezes a edição anterior —, explica-se "o porquê", o sentido simbólico de vários momentos: a genuflexão (n. 274), a inclinação da cabeça ou do corpo (n. 275), a incensação (nn. 75.276), a presença da cruz e das imagens sagradas (n. 318), a mistura (*immixtio/commixtio*), no cálice, do pão consagrado (n. 83), porque o altar deve ser único (nn. 298.303);

b) corrigir alguns desvios ou costumes menos convenientes que se estenderam nestes anos e que correm o perigo de desvirtuar a intenção mais profunda da Eucaristia, como é a mudança do salmo ou das leituras por outros textos bíblicos (n. 57);

c) aclarar as dúvidas que haviam surgido na interpretação de algumas normas anteriores: por exemplo, a indicação de que ao Evangelho persignam-se também os fiéis (n. 134); ou que as orações (a coleta, a das oferendas e a pós-comunhão) devem ser únicas em cada missa (nn. 54.77.89); ou que não se confunda o ato penitencial do início da missa com a eficácia própria do sacramento da penitência (n. 50); ou que o crucifixo tenha a imagem do crucificado, e não só a cruz mesma (nn. 117.122.308);

d) clarificar a distinção e a motivação dos ministérios ordenados e os adjudicados aos leigos, sobretudo em torno do ministério da comunhão.

Não é indiferente o "modo de celebrar", que é o que querem assegurar as "normas": a maneira exterior e ritual pode ajudar-nos ou estorvar-nos em nossa sintonia com o mistério que celebramos. Não é de estranhar que, ante a evidência de uma certa anarquia em algumas comunidades, tenha-se publicado em Roma, no ano de 2003, uma instrução, a *Redemptionis sacramentum*, sobre as coisas que se têm de fazer e as que se têm de evitar na celebração da Eucaristia.

Esta é uma das principais diferenças que existem entre esta *Institutio* (e dos *prenotandos* dos outros livros litúrgicos atuais) e o *Ritus servandus* do Missal de Pio V. Agora, além de uma série de normas, temos autênticos"diretórios" teológico-pastorais. Dizem-nos não só "como" celebrar, mas também "o que", "o porquê" e "para que" celebramos. Ou seja, dão-nos, também, a teologia e a finalidade espiritual de nossa celebração.

Alguns princípios teológicos básicos da *Institutio*

Esta edição da *Institutio*, sem apresentar, como dizíamos, mudanças substanciais em relação às edições de 1970 e de 1975, sublinha, no entanto, alguns dos aspectos teológicos que desenvolve também, falando da liturgia e da Eucaristia, o Catecismo da Igreja Católica, de 1992. Catecismo que poderia ter sido levado mais em conta, dado que data de 1992 e o Missal apareceu em latim dez anos depois.

a) Expressa, ainda, talvez não tanto como o Catecismo, o protagonismo de Deus Trino na celebração. Acrescentou-se, por exemplo, na edição de 2002, uma menção do papel do Espírito Santo nos nn. 16.56 e 78, além da que já havia ao falar da epiclese da oração eucarística no n. 79.

b) Está muito explícito o que se refere à presença real do Senhor Ressuscitado, não só nas espécies eucarísticas (cf. n. 3), mas já antes na Palavra, no presidente e na comunidade (cf. 27.29.50.55.60). Basta ler o n. 27: "Na celebração da Missa, em que se perpetua o sacrifício da cruz, Cristo está realmente presente tanto na assembleia reunida em seu nome como na pessoa do ministro, na sua Palavra, e também, de modo substancial e permanente, sob as espécies eucarísticas".

c) A relação da Eucaristia com o mistério pascal de Cristo, do qual é memorial e atualização, aparece afirmada repetidas vezes. O n. 2 recorda que Cristo "instituiu o sacrifício eucarístico do seu corpo e sangue para perpetuar o sacrifício da cruz através dos séculos até a sua volta, e para confiar à Igreja, sua esposa muito amada, o memorial de sua morte e ressurreição". Diz, explicitamente, o n. 72: "Na última ceia, Cristo instituiu o sacrifício e a ceia pascal, que tornam continuamente presente na Igreja o sacrifício da cruz, quando o sacerdote, representante do Cristo Senhor, realiza aquilo mesmo que o Senhor fez e entregou aos discípulos para que o fizessem em sua memória" (cf., também, nn. 16.17.27.79e.308). O n. 379 chama a Eucaristia de "sacrifício eucarístico da Páscoa de Cristo". E o n. 368 afirma que, nos diversos sacramentos e sacramentais, "a graça divina emana do mistério pascal" de Cristo, ou seja, do mesmo Cristo, Vivente hoje como Ressuscitado.

d) Também fica bem destacada a convicção de que é toda a comunidade que celebra, como povo sacerdotal de batizados, debaixo da presidência do sacerdote que faz as vezes de Cristo. No n. 42, os fiéis são definidos como "os membros da comunidade cristã congregados para celebrar a sagrada liturgia". Também falam dessa comunidade celebrante os nn. 5 (entusiasta defesa do sacerdócio real dos fiéis), 16 ("ação de Cristo e do povo de Deus"), 19 ("a presença e a participação dos fiéis manifestam melhor a natureza eclesial da ação litúrgica"), 27 ("o povo de Deus é congregado para celebrar o memorial do Senhor"), 34-37.91.294... Cf., também, o comentário que faremos à

IGMR nn. 95-97. Di-lo muito explicitamente o Catecismo (nn. 1140-1144): "É toda a comunidade, o corpo de Cristo unido à sua cabeça, quem celebra... A assembleia que celebra é a comunidade dos batizados... Na celebração dos sacramentos, toda a assembleia é liturgo, cada qual segundo sua função, porém na unidade do Espírito que atua em todos".

Atitudes ressaltadas na nova edição do Missal

Há algumas atitudes pastorais e espirituais que na nova edição do Missal aparecem mais sublinhadas do que antes para que nossa celebração seja, na verdade, proveitosa.

a) A importância do silêncio ao longo da celebração ficou, agora, notavelmente destacada. Com frequência, recomendam-se observar breves momentos de silêncio, para que possamos assimilar com profundidade a Palavra, ou para personalizar a oração, ou para prolongar um clima de recolhimento e paz, o momento culminante da comunhão. Tais momentos de silêncio dão à celebração um ritmo sereno, que permite a todos ir sintonizando com o que celebram, ouvem e dizem.

   Assim, por exemplo, no ato penitencial, depois do convite, continua uma "breve pausa de silêncio" (n. 51), durante a qual "os presentes se recolhem em seu interior" (n. 45); também o diz ao falar da oração coleta (n. 54); depois das leituras e da homilia, no momento de silêncio, os fiéis "meditam brevemente sobre o que ouviram": voltará a dizer várias vezes que "depois da homilia, oportunamente, se observa um breve espaço de silêncio" (nn. 66.136), e, também depois da primeira leitura, "para que todos meditem brevemente o que ouviram" (n. 128), e, igualmente, depois da segunda leitura (n. 130); quando o sacerdote proclama a oração eucarística, a comunidade "associa-se ao sacerdote com fé e, em silêncio, louvam a Deus em seu coração e oram", e "o sacerdote e os fiéis, se se julga oportuno, podem orar um espaço de tempo em segredo" (n. 88; cf. n. 164). É interessante o que sucedeu no ofertório com respeito a dizer em silêncio as orações de apresentação do pão e do vinho (cf. o comentário aos nn. 141-143).

Na nova edição, há um número completamente novo referente ao silêncio na celebração da Palavra da missa (o n. 56): sua motivação é para que, "sob a ação do Espírito Santo, acolha-se no coração a Palavra de Deus e prepare-se a resposta pela oração".

b) O respeito ao sagrado. Nota-se, claramente, a preocupação do Missal de que tudo se realize com sumo respeito ao mistério que se celebra, superando uma excessiva "familiaridade" que se haja introduzido.

Antes de tudo, para a Palavra. O n. 133 quer que haja o sentido de reverência em torno da proclamação do Evangelho. O Missal convida, repetidamente, a que se use e venere o Evangeliário (nn. 117.120.128.133). Sobre os livros litúrgicos, diz que "deve-se cuidar de modo especial para que os livros litúrgicos, particularmente o Evangeliário e o Lecionário... sejam, na ação litúrgica, realmente, sinais e símbolos das realidades celestes, e, por conseguinte, verdadeiramente dignos, artísticos e belos" (n. 349).

Também na mesma celebração eucarística a comunidade cristã deve mostrar seu respeito e veneração (cf. nn. 43.150.161.179.284). Ao falar da comunhão, diz que "não é permitido aos fiéis receber por si mesmos o pão consagrado, nem o cálice consagrado, muito menos passar de mão em mão entre si" (n. 160). Onde antes, em vários momentos, falava de "debita reverentia", agora especifica que se faça uma "profunda inclinatio". Por exemplo: "Os que não podem ajoelhar-se na consagração, farão um profunda inclinação" (n. 43). Ao falar das vestes litúrgicas, recomenda que "apresentem figuras ou imagens ou então símbolos que indiquem o uso sagrado, excluindo-se os que não se prestam bem a esse uso" (n. 344).

Essa chamada de atenção em direção ao sagrado evidencia-se, também, na insistência com que se pede que os diversos elementos da celebração sejam *benzidos*: incenso (nn. 120.132.135.144), altar (n. 350), livros (n. 350), sacrário (n. 314), órgão (n. 313), ambão (n. 309), sede (n. 310), vestes litúrgicas e utensílios (n. 335): todos eles encontram seus formulários no título correspondente do Ritual de bênçãos. O benzer esses lugares ou objetos quer pôr em relevo sua finalidade "sagrada" na celebração, superando as semelhanças que podem ter no uso normal da vida profana.

Também se acentua o caráter sagrado da celebração acrescentando algum *adjetivo específico* aos diversos termos que podiam ter um sentido meramente social ou profano. Assim, à palavra "assembleia" (*coetus*) acrescenta-se, agora, normalmente, o de "sagrada", ou "litúrgica" (cf. nn. 18.40); ou "assembleia dos fiéis". À palavra "ministros" acrescenta-se, às vezes, "sagrados" (por exemplo, no n. 17). Onde antes, no n. 92 e outros mais, dizia que o sacerdote "preside a assembleia" ("coetui praesidere"), agora diz melhor que "preside a celebração" ou "a Eucaristia"; e onde falava de "societas fidelium", agora fala de "ecclesia" (n. 93). O n. 20 da edição anterior dizia que a uniformidade de posturas é "signum communitatis et unitatis coetus", e agora o n. 42 matiza dizendo que é "signum unitatis membrorum christianae ad sacram liturgiam congregatorum": a uniformidade é signo da unidade dos membros da comunidade cristã congregados para a sagrada liturgia.

Tudo isso quer pôr em evidência que aqui se trata não de uma comunidade meramente humana, unida por laços sociológicos, mas de uns fiéis que estão enriquecidos com o sacerdócio batismal e celebram um mistério sobrenatural.

c) É notável a importância que a atual edição dá à beleza e à estética que devem acompanhar a celebração eucarística, como sinal concreto do respeito que nos merece este sacramento.

E isso não só no capítulo V, que se intitula, precisamente, "Disposição e ornamentação das igrejas", mas em muitas outras ocasiões: em relação à celebração em geral (nn. 22.288.289), aos gestos (n. 42) e aos movimentos (n. 44), aos vários utensílios do culto (cf. a "nobre simplicidade" que pede nos nn. 292.325 e 351) e aos livros e a todos os objetos litúrgicos (nn. 348-349), ao espaço celebrativo (n. 294), ao altar (nn. 303.305), ao lugar do sacrário (n. 314) e às imagens sagradas (n. 318).

Com o que, não faz o Missal outra coisa senão aplicar à celebração eucarística e a seu entorno espacial e material os "princípios e normas" que já o Concílio havia estabelecido em sua constituição da liturgia, capítulo VII, "A arte e os objetos sagrados" (SC, nn. 122-130). Há de destacar, também, a semelhança dessas recomendações com as que fez João Paulo II em sua encíclica *Ecclesia de eucharistia*, de 2003, sobretudo em seus nn. 47-50, sobre a beleza e o decoro com que devemos tratar esse admirável sacramento.

d) Esta *Institutio* pede, com frequência, aos ministros, *equilíbrio e moderação* nos vários momentos da Eucaristia. O Missal deseja que as celebrações não sejam monótonas, frias e incolores, mas participadas, festivas pelo canto e pela beleza; não precipitadas, mas com ritmo sereno, sabendo conjugar, oportunamente, os momentos de silêncio que vai recomendando.

Porém essas celebrações não devem ser caprichosas, desproporcionadas e intermináveis. Esse convite ao equilíbrio e à moderação se vê, por exemplo, quando, ao falar da oração universal, recomenda que o convite introdutório do sacerdote seja breve, e que as intenções mesmas sejam formuladas "em poucas palavras" (n. 71). Outras vezes pede essa sobriedade para as monições e avisos (nn. 31.50.105.128.184), para as flores com que se adorna o espaço do altar (n. 305, sobretudo no Advento e Quaresma), para o gesto de paz (n. 82), para a fração do pão (n. 83), para a duração dos momentos de silêncio (n. 130), para os avisos finais (n. 90), para o número de imagens sagradas (n. 318), ou para admitir missas de defuntos (n. 355) ou missas *ad diversa* (n. 369).

e) Também é insistente a recomendação de *flexibilidade e adaptação* que deve haver na celebração, de acordo com a sensibilidade de cada região e as condições da comunidade. O termo preferido é *aptationes*: só uma vez, no n. 398, fala de *inculturatio*, que viria a ser uma adaptação mais profunda, na linha de *SC*, nn. 37-40.

O capítulo IX, todo ele novo, fala das adaptações que dizem respeito aos bispos ou a suas conferências. A finalidade dessas adaptações é para que se "use uma linguagem que corresponda à compreensão dos fiéis" (n. 391) e, "garantida a índole de cada língua... faça-se uso de uma linguagem adaptada aos fiéis da respectiva região, mas que seja nobre e dotada de valor literário" (n. 392). No n. 43, com respeito às posturas a adotar na celebração, encontramos um exemplo desse encargo: "Compete, porém, à conferência dos bispos adaptar, segundo as normas do direito, à índole e às legítimas tradições dos povos, os gestos e posições do corpo descritos no Ordinário da Missa".

Das numerosas ocasiões em que se deixa ao juízo do bispo diocesano ou do sacerdote que preside a decisão sobre determinadas alternativas, recorda-se a necessidade dessa adaptação pastoral ao falar, em geral, da celebração (nn. 18.20.38), das monições do sacerdote (n. 31), do canto (n. 40), da seleção dos formulários de canto (n. 40), da homilia (n. 66), da seleção dos formulários da missa (n. 352.385), das leituras (nn. 361.362), dos materiais com que confeccionar o altar e os vasos sagrados (nn. 301.329.332), da linguagem das traduções (nn. 391.392.395), dos estilos artísticos de cada região (nn. 325-326). Trata-se de escolher os textos e gestos "que melhor respondam às necessidades, preparação e idiossincrasia dos participantes" (n. 24), ou "às tradições e à índole dos povos e regiões" (n. 26). Falando de arte, formula, explicitamente, o n. 325: "A Igreja admite a expressão artística de cada região, aceitando adaptações que concordem com a índole e as tradições de cada povo". Porém, em seguida, acrescenta a condição que deve estar presente em toda adaptação: "Contanto que tudo corresponda, devidamente, ao uso a que se destinam".*

Uma boa ocasião para melhorar nossa Eucaristia

A presente revisão do Missal não pôde ser tão profunda como se esperava e se estava preparando já desde o ano de 1990. A Congregação para o Culto Divino realizou um sério trabalho preparatório da nova edição, porém logo teve momentos de dúvida e de estancamento, por diversos motivos, e, finalmente, chegou-se a esta nova edição, que, repetimos, não é tão profunda como a que se havia desenhado nesse período de preparação. O motivo é que não se viu o tempo maduro

* As atitudes ressaltadas na terceira edição do Missal Romano são mais bem compreendidas à luz da Carta apostólica *Desiderio Desideravi* do papa Francisco, publicada em 2023 (N.E.).

para reorganizar mais a fundo a *Institutio* (por exemplo, expressando melhor o protagonismo da comunidade e, dentro dela, o dos ministros, como se fez na ordem dos capítulos da *Lumen gentium* no Concílio) ou incluir no Missal, por exemplo, as novas orações e prefácios que se propunha. Há de recordar — e isso se vê melhor a partir de Roma — que continuam existindo alguns focos de resistência à nova liturgia pós-conciliar, por isso, seguramente, não se quis "colocar mais lenha na fogueira".

Porém a aparição do Missal em sua nova edição é, tanto para os ministros como para os fiéis, uma boa ocasião para repassar as grandes linhas doutrinais e pastorais e, ao mesmo tempo, as normas concretas com que a Igreja quer que se leve a cabo a celebração da Eucaristia para o bem de todo o povo, depois de analisar as experiências e as observações surgidas durante os mais de trinta anos de uso da edição anterior, realizadas, também, as oportunas consultas.

Certamente, podemos celebrar melhor este admirável sacramento que nos deixou Cristo Jesus seguindo as linhas que a Igreja, neste momento determinado de sua história, acreditou que deveria estabelecer.

O Missal, o livro principal de nossa celebração cristã

Para poder celebrar melhor, a todos deve interessar o que diz o Missal da Igreja, com o qual celebramos a Eucaristia, "o sacramento dos sacramentos" (n. 368). É um livro que podemos considerar não só como guia prático ou instrumento, mas como "diretório espiritual e pastoral" de nossa celebração.

Este Missal é fruto da autocompreensão atual da Igreja, feita de tradição, de teologia, de adaptação às diversas comunidades. Sua finalidade é, sempre, ajudar a participar, plena e proveitosamente, na Eucaristia. Devemos atender aos princípios teológicos e pastorais que nos vai propondo o Missal, e também a suas normas concretas. O exterior, o "modo" de celebrar, expressa e alimenta nossa atitude interior de fé nos diversos momentos da celebração, e ajuda-nos a celebrar com espírito eclesial.

As novas edições dos livros litúrgicos são uma boa ocasião:

a) para que a Congregação do Culto Divino faça as oportunas matizações e acréscimos que lhe sugerem a experiência e a consulta à Igreja;
b) para que as conferências dos bispos, encarregadas da versão e edição dos livros oficiais para sua região, levem a cabo uma versão e uma adaptação fiéis tanto à mesma liturgia como à sensibilidade de seu povo;
c) e para que cada comunidade releia os novos textos, revisando à sua luz sua atuação pastoral, para que todos possam celebrar com maior proveito espiritual.

É também, o presente Missal, como termina afirmando sua *Institutio*, um "instrumento e sinal ilustre da integridade e unidade do Rito romano" (n. 399), que é o nosso.

Prioridade para o "Ano da Eucaristia"

O papa João Paulo II, em sua carta apostólica *Mane nobiscum, Domine*, de outubro de 2004, convidou-nos a cuidar, durante o Ano da Eucaristia (de outubro de 2004 a outubro de 2005),* de dois aspectos importantes da Eucaristia, sua celebração e seu culto:

> Não peço, porém, que se façam coisas extraordinárias, mas que todas as iniciativas sejam marcadas por profunda interioridade. Mesmo que o fruto deste Ano fosse apenas aquele de reavivar em todas as comunidades cristãs a celebração da missa dominical e de incrementar a adoração eucarística fora da missa, este Ano de graça teria conseguido um resultado significativo (n. 29).

* Para o Brasil, em virtude do 15º Congresso Eucarístico Nacional, em Florianópolis, o Ano da Eucaristia estendeu-se até maio de 2006 (N. E.).

O papa, já em sua carta sobre o domingo, *Dies domini*, de 1998, também em sua encíclica *Ecclesia de eucharistia*, de 2003, e em sua carta *Mane nobiscum, Domine*, insistiu na necessidade de melhorar nossas celebrações eucarísticas do domingo:

> "Em particular, desejo que neste ano haja um empenho especial em redescobrir e viver plenamente o domingo como Dia do Senhor e Dia da Igreja". E efetivamente, que "os sacerdotes, em seu empenho pastoral, prestem, durante este ano de graça, uma atenção ainda maior à missa dominical" (n. 23).

É particularmente interessante, já que aqui estamos apresentando a nova edição do Missal e sua *Institutio*, que o papa proponha como tarefa para a comunidade cristã que este "grande mistério da Eucaristia, antes de tudo, deve ser bem celebrado" e que um fruto deste ano poderia ser "estudar a fundo, em cada comunidade paroquial, a Instrução geral sobre o Missal Romano" (n. 17).

Concretizando mais as diretrizes do papa, a Congregação para o Culto Divino publicou, também em outubro de 2004, umas sugestões e propostas para o Ano da Eucaristia.

Antes de tudo, recorda uma série de aspectos celebrativos sobre os quais conviria que cada comunidade se examinasse: o lugar da celebração, a participação ativa da comunidade, os diversos ministérios e seu funcionamento, o canto e a música, a observância das normas litúrgicas etc. (n. 3). Mais tarde, propõe umas "linhas de espiritualidade eucarística" a ter em conta também (nn. 20-31), tais como a escuta da Palavra, a atitude de conversão, o memorial sacrificial da Páscoa, a ação de graças, a capacidade de silêncio, adoração e alegria, as consequências da Eucaristia para a caridade e a missão etc.

Concretamente, propõe-se às comunidades paroquiais que cuidem dos espaços e dos instrumentos da celebração; que incrementem ou, se já não o tem, instituam o grupo litúrgico paroquial; que cuidem da formação dos ministros leigos; que se preocupem de melhorar o canto; e que organizem encontros formativos sobre a Eucaristia para todos os fiéis em alguns momentos determinados do ano litúrgico.

São chamadas que, junto com a aparição da nova edição do Missal, deveriam estimular todas as comunidades a revisar, detidamente, sua celebração da Eucaristia, para o bem de todo o povo cristão.

PROÊMIO

1. Quando ia celebrar com seus discípulos a ceia pascal, onde instituiu o sacrifício do seu corpo e sangue, o Cristo Senhor mandou preparar uma sala ampla e mobiliada (Lc 22,12). A Igreja sempre julgou dirigida a si esta ordem, estabelecendo como preparar as pessoas, os lugares, os ritos e os textos, para a celebração da Santíssima Eucaristia. Assim, as normas atuais, prescritas segundo determinação do Concílio Vaticano II, e o novo Missal, que a partir de agora será usado na Igreja de rito romano para a celebração da missa, são provas da solicitude da Igreja, manifestando sua fé e amores imutáveis para com o supremo mistério eucarístico e testemunhando uma contínua e ininterrupta tradição, ainda que algumas novidades sejam introduzidas.

---

1. Uma das primeiras novidades da *Institutio* atual, em comparação com as edições de 1970 e 1975, é que nela foi introduzido o proêmio que Paulo VI quis que precedesse a primeira edição de 1970.

Quando, no ano de 1969, foi publicada, com antecipação de um ano ao Missal, a *Institutio* do Missal Romano, houve uma reação em geral muito positiva e jubilosa por parte do povo cristão. Porém também houve algumas manifestações de crítica, sobretudo em meios marcadamente tradicionalistas. Além das queixas porque alguns acreditavam

Testemunho de fé inalterada

2. A natureza sacrifical da missa, que o Concílio de Trento solenemente afirmou,[1] em concordância com a universal tradição da Igreja, foi de novo proclamada pelo Concílio Vaticano II que proferiu sobre a missa estas significativas palavras: "O nosso Salvador na última ceia instituiu o sacrifício eucarístico do seu corpo e sangue para perpetuar o sacrifício da cruz através dos séculos até a sua volta, e para confiar à Igreja, sua esposa muito amada, o memorial de sua morte e ressurreição".[2]

O que o Concílio ensinou com estas palavras encontra-se expresso nas fórmulas da missa. Com efeito, a doutrina já expressa concisamente nesta frase do antigo sacramentário, conhecido como leoniano: "Todas as vezes que se celebra a memória deste sacrifício, renova-se a obra da nossa redenção",[3] é desenvolvida clara e cuidadosamente nas orações eucarísticas; nestas preces, ao fazer a anamnese, dirigindo-se a Deus em nome de todo o povo, dá-lhe graças e oferece o sacrifício vivo e santo,

[1] Conc. Tridentino. Sessão XXII, 17 de setembro de 1562: DS 1738-1759.

[2] Concílio Ecumênico Vaticano II. Constituição sobre a sagrada liturgia, *Sacrosanctum concilium,* n. 47, cf. Const. dogm. sobre a Igreja *Lumen gentium,* n. 3, 28; Decreto sobre a vida e o ministério dos presbíteros, *Presbyterorum ordinis,* nn. 2, 4, 5.

[3] Missa vespertina na ceia do Senhor, oração sobre as oferendas; cf. *Sacramentarium veronense,* ed. L. C. Mohlberg, n. 93.

---

perdido o latim e o canto sagrado, atacava-se o novo Missal de infidelidade à tradição eclesial, sobretudo em relação com a fé na presença real de Cristo (por exemplo: pela supressão de algumas genuflexões), o caráter sacrificial da Eucaristia (por chamá-la "ceia" ou "memorial da Páscoa") e a diferença entre o ministério ordenado (não lhes agradava o nome "presidente") e o povo cristão (parecia-lhes que se dava demasiado protagonismo à comunidade). O que se interpretava como uma aproximação intolerável à concepção protestante da Eucaristia.

Paulo VI achou conveniente ir atrás desses ataques, e o fez com um "proêmio" que mandou acrescentar à edição oficial de 1970 e que agora, na terceira edição do Missal, foi incorporado à *Institutio*, formando seus nn. 1-15, conservando seu tom apologético originário.

ou seja, a oblação da Igreja e a vítima por cuja imolação Deus quis ser aplacado,[4] e ora também para que o corpo e sangue de Cristo sejam um sacrifício agradável ao Pai e salutar para todo o mundo.[5]

Assim, no novo Missal, a regra da oração (*lex orandi*) da Igreja corresponde à regra perene de crer (*lex credendi*), que nos ensina a identidade, exceto quanto ao modo de oferecer, entre o sacrifício da cruz e sua renovação sacramental na missa, que o Cristo Senhor instituiu na última ceia e mandou os apóstolos fazerem em sua memória. Por conseguinte, a missa é simultaneamente sacrifício de louvor, de ação de graças, de propiciação e de satisfação.

3. Igualmente, o admirável mistério da presença real do Senhor sob as espécies eucarísticas foi confirmado pelo Concílio Vaticano II[6] e por outros documentos do Magistério Eclesiástico,[7] no mesmo sentido e na mesma forma com que

[4] Cf. Oração eucarística III.

[5] Cf. Oração eucarística IV.

[6] Concílio Ecumênico Vaticano II. Constituição sobre a sagrada liturgia, *Sacrosanctum concilium*, n. 7, 47; Decr. sobre a vida e o ministério dos presbíteros, *Presbyterorum ordinis*, n. 5, 18.

[7] Cf. Pio XII. Enc. *Humani generis*, n. 42, 12 de agosto de 1950: AAS (1950), pp. 570-571; Paulo VI. Enc. *Mysterium fidei*, 13 de setembro de 1965: AAS 57 (1965), pp. 762-769; *Solemnis professio fidei*, nn. 24-26, 30 de junho de 1968: AAS 60 (1968), pp. 442-443; S. Congr. dos Ritos. Instr. *Eucharisticum mysterium*, nn. 3f e 9, 25 de maio de 1967: AAS 59 (1967), pp. 543, 547.

Tal proêmio não pretende, naturalmente, oferecer uma apresentação completa da teologia da Eucaristia, mas responder, concretamente, aos principais ataques que se haviam feito ao novo Missal, mostrando como continuam de pé a fé no caráter sacrificial da missa (n. 2), na presença real (nn. 3.7) e na distinção entre o sacerdócio ministerial e o do povo de Deus (nn. 4-5). Esses três pontos de defesa são notados, depois, em outras várias ocasiões ao longo da *Institutio*.

Logo, defende-se, firmemente, o novo Missal, "testemunho de uma fé inalterada" na história da Igreja, que responde a uma "tradição ininterrupta" (nn. 6-9) e leva a cabo, ainda melhor que o mesmo Concílio de Trento, a verdadeira reforma do Missal. Entre outras coisas, porque agora conhecemos

fora proposto à nossa fé pelo Concílio de Trento.[8] Este mistério é proclamado na celebração da missa, não apenas nas palavras da consagração, pelas quais o Cristo se torna presente através da transubstanciação, mas também no espírito e manifestação de sumo respeito e adoração que ocorrem na liturgia eucarística. Por este mesmo motivo, o povo cristão é levado a prestar a este admirável sacramento na quinta-feira da ceia do Senhor e na solenidade do santíssimo corpo e sangue de Cristo um culto especial de adoração.

4. A natureza do sacerdócio ministerial, próprio do bispo e do presbítero que oferecem o sacrifício na pessoa de Cristo e presidem a assembleia do povo santo, evidencia-se no próprio rito, pela eminência do lugar e da função do sacerdote. As razões desta função são enunciadas e explicadas mais profusamente na ação de graças da missa crismal da quinta-feira da Semana Santa, dia em que se comemora a instituição do sacerdócio. Aquele texto explica a transmissão, pela imposição das mãos,

[8] Cf. Conc. Ecum. Tridentino. Sessão XIII, 11 de outubro de 1551: DS 1635-1661.

---

muito melhor que nos tempos de Trento alguns documentos que resultam importantes para o conhecimento da Eucaristia (n. 8).

Os nn. 10-15 motivam porque foram feitas algumas mudanças, por fidelidade, agora, à nova situação pastoral de nossas comunidades cristãs: por exemplo, no relativo às línguas vivas, à homilia e à comunhão sob as duas espécies. Neste Missal, a Igreja soube, na verdade, conservar o antigo e introduzir o novo (n. 15).

A Igreja sempre tentou celebrar a Eucaristia expressando, no modo concreto de celebrá-la, "sua fé e seu amor inalterável ao sublime mistério eucarístico". Terão mudado as formas, a língua, porém não a tradição e o amor a este sacramento, que se remonta ao princípio de tudo, em que, "quando ia celebrar com seus discípulos a ceia pascal, onde instituiu o sacrifício do seu corpo e sangue, o Cristo Senhor mandou preparar uma sala ampla e mobiliada..." (n. 1: passagem citada por João Paulo II em sua encíclica *Ecclesia de eucharistia*, de 2003, n. 47).

do poder sacerdotal que é a continuação do poder de Cristo, sumo pontífice do Novo Testamento, e enumera todas as suas funções.

5. Esta natureza do sacerdócio ministerial esclarece ainda outra realidade de grande importância: o sacerdócio régio dos fiéis, cujo sacrifício espiritual atinge a plena realização pelo ministério do bispo e dos presbíteros, em união com o sacrifício de Cristo, único Mediador.[9] Com efeito, a celebração da Eucaristia é uma ação de toda a Igreja, em que cada um deve fazer tudo e só o que lhe compete, segundo o lugar que ocupa no povo de Deus. Por isso se deve prestar maior atenção a certos aspectos da celebração que, no decurso dos séculos, foram, às vezes, negligenciados. Na verdade, este povo é o povo de Deus, adquirido pelo sangue de Cristo, reunido pelo Senhor, alimentado por sua Palavra; povo chamado para elevar a Deus as preces de toda a família humana e dar graças em Cristo pelo mistério da salvação, oferecendo o seu sacrifício; povo, enfim, que cresce na unidade pela comunhão do corpo e sangue de Cristo. Este povo, embora santo por sua origem, cresce continuamente em santidade pela participação consciente e frutuosa do mistério eucarístico.[10]

Testemunho de uma tradição ininterrupta

6. Ao enunciar as normas segundo as quais o Ordinário da Missa deveria ser reformado, o Concílio Vaticano II ordenou, entre outras coisas, que alguns ritos fossem restaurados "segundo a forma primitiva dos santos padres",[11] retomando assim as mesmas palavras com que São Pio V, na constituição apostólica *Quo primum*, de 1570, promulgou o Missal tridentino. Por esta coincidência de palavras pode-se observar como ambos

[9] Cf. Concílio Ecumênico Vaticano II. Decr. sobre a vida e o ministério dos presbíteros, *Presbyterorum ordinis*, n. 2.

[10] Cf. Concílio Ecumênico Vaticano II. Const. sobre a sagrada liturgia, *Sacrosanctum concilium*, n. 11.

[11] Ibidem, n. 50.

os missais romanos, ainda que separados por quatro séculos, conservam uma única e mesma tradição. Porém, ponderando-se os elementos internos desta tradição, verificam-se a sabedoria e a felicidade com que o segundo Missal completa o primeiro.

7. Naqueles tempos, verdadeiramente difíceis, em que a fé católica corria perigo em relação à índole sacrifical da missa, o sacerdócio ministerial e a presença real e permanente do Cristo sob as espécies eucarísticas, era necessário que São Pio V conservasse uma tradição mais recente, injustamente impugnada, introduzindo o mínimo de modificações nos ritos sagrados. Na verdade, aquele Missal de 1570 pouco difere do primeiro Missal impresso em 1474, que por sua vez reproduz com fidelidade o do tempo do papa Inocêncio III. Além disso, os manuscritos da Biblioteca Vaticana, ainda que sugerissem algumas correções, não permitiam que se fosse além dos comentários litúrgicos medievais, na investigação dos "antigos e provados autores".

8. Hoje, pelo contrário, aquela "norma dos Santos Padres" seguida pelos que corrigiram o Missal de São Pio V foi enriquecida por inúmeros trabalhos de eruditos. Depois do *Sacramentário gregoriano*, editado pela primeira vez em 1571, os antigos sacramentários romanos e ambrosianos foram publicados em numerosas edições críticas, assim como os antigos livros litúrgicos espanhóis e galicanos, trazendo assim à luz muitas preces de grande valor espiritual até então ignoradas.

Igualmente, as tradições dos primeiros séculos, anteriores à formação dos ritos do Oriente e do Ocidente, são mais bem conhecidas, depois que se descobriram tantos documentos litúrgicos.

Além disso, o progresso dos estudos patrísticos lançou sobre a teologia do ministério eucarístico a luz da doutrina dos padres mais eminentes da Antiguidade cristã, como Santo Irineu, Santo Ambrósio, São Cirilo de Jerusalém e São João Crisóstomo.

9. Por isso, "a norma dos santos padres" não exige apenas que se conserve o que os nossos antepassados mais recentes nos legaram, mas também que se assuma e se julgue do mais alto valor todo o passado da Igreja e todas as manifestações de fé, em formas tão variadas de cultura humana e de civilizações como as semitas, gregas e latinas. Esta visão mais ampla nos permite perceber como o Espírito Santo concede ao povo de Deus uma admirável fidelidade na conservação do imutável depósito da fé, apesar da enorme variedade de orações e ritos.

Adaptação às novas condições

10. O novo Missal, portanto, dando testemunho da norma de oração da Igreja romana e conservando o depósito da fé legado pelos concílios mais recentes, constitui por sua vez uma etapa de grande importância na tradição litúrgica.

Quando os padres do Concílio Vaticano II reafirmaram os dogmas do Concílio Tridentino, falaram em uma época da história bastante diferente; por isso formularam, em matéria pastoral, desejos e conselhos que há quatro séculos não se podiam prever.

11. O Concílio de Trento já reconhecera o grande valor catequético da celebração da missa, mas não pudera tirar todas as suas consequências para a vida prática. Muitos, na verdade, pediam que se permitisse o uso da língua vernácula na celebração do sacrifício eucarístico. Porém, por ocasião deste pedido, o Concílio, tendo em conta as circunstâncias daquele tempo, julgou dever reafirmar a doutrina tradicional da Igreja, segundo a qual o sacrifício eucarístico é antes de tudo uma ação do próprio Cristo, cuja eficácia não depende do modo de participação dos fiéis. Por isso, ele se exprimiu com estas palavras firmes e moderadas: "Ainda que a missa contenha um grande ensinamento para o povo fiel, os padres não julgaram oportuno que seja celebrada em língua vernácula indistintamente".[12] E condenou quem julgasse ser reprovável "o rito da Igreja romana, onde parte do *Cânon* e as palavras da consagração são proferidas em voz baixa; ou que a missa devesse ser celebrada somente em língua vernácula".[13] Contudo, ao proibir o uso da língua vernácula na missa, ordenou aos pastores de almas que o substituíssem pela catequese em momento oportuno: "Para que as ovelhas de Cristo não sintam fome..., ordena o Santo Sínodo aos pastores e a todos os que têm cura de almas que frequentemente, durante a celebração da missa, por si mesmos ou por outrem, expliquem alguns dos textos que se leem na missa e ensinem entre outras coisas algo sobre o mistério do santíssimo sacrifício, principalmente nos domingos e festas".[14]

12. O Concílio Vaticano II, reunido para adaptar a Igreja às necessidades de seu múnus apostólico nos nossos dias, examinou em profundidade, como o Concílio de Trento, o aspecto catequético e pastoral da sagrada liturgia.[15] E como nenhum católico negue a legitimidade e a eficiência de um rito sagrado realizado em língua latina, ele pôde reconhecer que "não raro o uso da língua vernácula seria muito útil para o povo" e conceder a licença para usá-la.[16] O ardente entusiasmo com que esta deliberação foi acolhida por toda parte fez com que logo, sob a direção dos bispos e da própria Sé Apostólica, todas as celebrações litúrgicas participadas pelo povo pudessem realizar-se em língua vernácula, para que mais plenamente se compreendesse o mistério celebrado.

13. Contudo, como o uso da língua vernácula na sagrada liturgia é apenas um instrumento, embora de grande importância, pelo qual mais claramente se realiza a catequese do mistério contido na celebração, o Concílio Vaticano II ordenou

[12] Conc. Tridentino. Sessão XXII, Doutrina sobre o santo sacrifício da missa, cap. 8: DS 1749.

[13] Ibidem, cân. 9: DS 1759.

[14] Ibidem, cap. 8: DS 1749.

[15] Cf. Concílio Ecumênico Vaticano II. Const. sobre a sagrada liturgia, *Sacrosanctum concilium*, n. 33.

[16] Ibidem, n. 36.

que algumas prescrições do Concílio de Trento, ainda não cumpridas em todos os lugares, fossem postas em prática, como a homilia nos domingos e dias de festa,[17] ou a introdução de algumas explicações durante os ritos sagrados.[18]

Mas o Concílio Vaticano II, aconselhando "aquela participação mais perfeita na missa, em que os fiéis, depois da comunhão do sacerdote, recebem o corpo do Senhor consagrado no mesmo sacrifício",[19] urgiu que se pusesse em prática um outro desejo dos padres de Trento, ou seja, que, para participar mais plenamente da sagrada Eucaristia, "os fiéis presentes em cada missa não comunguem apenas espiritualmente, mas também pela recepção sacramental da Eucaristia".[20]

14. Movido pelo mesmo desejo e zelo pastoral, o Concílio Vaticano II pôde reexaminar o que o Tridentino determinara a respeito da comunhão sob as duas espécies. Com efeito, como hoje já não se põem mais em dúvida os princípios doutrinários quanto à plena eficácia da comunhão recebida apenas sob a espécie de pão, permitiu ele que se dê algumas vezes a comunhão sob as duas espécies, a fim de que, através de uma apresentação mais elucidativa do sinal sacramental, haja uma oportunidade para se compreender melhor o mistério de que os fiéis participam.[21]

15. Desse modo, enquanto permanece fiel ao seu múnus de mestra da verdade, a Igreja, conservando "o que é antigo", isto é, o depósito da tradição, cumpre também o seu dever de julgar e de prudentemente assumir "o que é novo" (cf. Mt 13,52).

Na verdade, certa parte do novo Missal relaciona mais claramente as preces da Igreja com as necessidades do nosso tempo. Isto acontece sobretudo com as missas rituais e as missas "para as diversas circunstâncias", nas quais a tradição e

[17] Ibidem, n. 52.

[18] Ibidem, n. 35,3.

[19] Ibidem, n. 55.

[20] Conc. Ecum. Trid. Sessão XXII, Doutrina sobre o santo sacrifício da missa, cap. 6: DS 1747.

[21] Cf. Concílio Ecumênico Vaticano II. Const. sobre a sagrada liturgia, *Sacrosanctum concilium*, n. 55.

a inovação harmoniosamente se associam. Por isso, enquanto muitos textos hauridos na mais antiga tradição da Igreja e divulgados pelas diversas edições do Missal Romano permanecem inteiramente intactos, outros foram adaptados às aspirações e às condições hodiernas. Outros, finalmente, como as orações pela Igreja, pelos leigos, pela santificação do trabalho humano, pela comunidade de todos os povos e por algumas necessidades do nosso tempo, foram integralmente compostos a partir de pensamentos, e, muitas vezes, das próprias palavras dos documentos conciliares.

Igualmente, devido à consciência da nova situação do mundo de hoje, não se julgou comprometer o venerável tesouro da tradição, modificando-se algumas expressões de textos antiquíssimos, para que melhor se adaptassem à atual linguagem teológica e correspondessem melhor à atual disciplina eclesiástica. Assim, foram mudadas algumas expressões referentes à estima e ao uso dos bens terrenos, como também algumas fórmulas que acentuavam certas modalidades de penitência externa, mais apropriadas a outros tempos da Igreja.

Deste modo, as normas litúrgicas do Concílio Tridentino foram em muitos pontos completadas e aperfeiçoadas pelas normas do Vaticano II, que levou a bom termo os esforços que visavam aproximar os fiéis da sagrada liturgia, empreendidos nos quatro últimos séculos, principalmente nos últimos tempos, graças, sobretudo, à estima pelos estudos litúrgicos, promovidos por São Pio X e seus sucessores.

CAPÍTULO I

IMPORTÂNCIA E DIGNIDADE DA CELEBRAÇÃO EUCARÍSTICA

16. A celebração da missa, como ação de Cristo e do povo de Deus hierarquicamente ordenado, é o centro de toda a vida cristã, tanto para a Igreja universal como local, e também para cada um dos fiéis.[22] Pois nela se encontra tanto o ápice da ação pela qual Deus santifica o mundo em Cristo, como o do culto que os homens oferecem ao Pai, adorando-o pelo Cristo, Filho de Deus.[23] Além disso, nela são de tal modo relembrados, no

[22] Cf. Concílio Ecumênico Vaticano II. Const. sobre a sagrada liturgia, *Sacrosanctum concilium*, n. 11; Decr. sobre o ministério e a vida dos presbíteros, *Presbyterorum ordinis*, nn. 2, 5, 6; Decr. sobre o múnus pastoral dos bispos, *Christus dominus*, n. 30; Decr. sobre o ecumenismo, *Unitatis redintegratio,* n. 15; S. Congr. dos Ritos. *Eucharisticum mysterium*, nn. 3e, 6, 25 de maio de 1967: AAS 59 (1967), pp. 542, 544-545.

[23] Cf. Concílio Ecumênico Vaticano II. Const. sobre a sagrada liturgia, *Sacrosanctum concilium*, n. 10

---

16. É como uma primeira definição da Eucaristia, que certamente é algo mais do que um assunto de direito ou de rubricas. Põe em relevo a ação salvadora de Deus Trino, e afirma que a Eucaristia é a atualização do mistério salvador da Páscoa de Cristo Jesus e que nela culmina a obra descendente de Deus e o culto ascendente do ser humano.

Acrescentou-se, na versão de 2002, a menção do Espírito Santo. O protagonismo do Espírito, que aparecia apenas na *Sacrosanctum concilium* e no Missal, recebeu, agora, um impulso eficaz pelo Catecismo de 1992, que o coloca muito em relevo. Também, na IGMR 56, se acrescentou sua

decorrer do ano, os mistérios da redenção, que eles se tornam de certo modo presentes.[24] As demais ações sagradas e todas as atividades da vida cristã a ela estão ligadas, dela decorrendo ou a ela sendo ordenadas.[25]

17. É, por isso, de máxima conveniência dispor a celebração da missa ou ceia do Senhor de tal forma que os ministros sagrados e os fiéis, participando cada um conforme sua condição, recebam mais plenamente aqueles frutos[26] que o Cristo Senhor quis prodigalizar ao instituir o sacrifício eucarístico de seu corpo e sangue, confiando-o à sua dileta esposa, a Igreja, como memorial de sua Paixão e ressurreição.[27]

18. Isto se conseguirá de modo adequado se, levando em conta a natureza e as circunstâncias de cada assembleia litúrgica, toda a celebração for disposta de tal modo que leve os fiéis

[24] Cf. ibidem, 102.

[25] Cf. Concílio Ecumênico Vaticano II. Const. sobre a sagrada liturgia, *Sacrosanctum concilium*, n. 10; Decr. sobre o ministério e a vida dos presbíteros, *Presbyterorum ordinis*, n. 5.

[26] Cf. Concílio Ecumênico Vaticano II. Const. sobre a sagrada liturgia, *Sacrosanctum concilium*, nn. 14, 19, 26, 28, 30.

[27] Cf. ibidem, n. 47.

menção para motivar melhor o silêncio na celebração da Palavra, e, na IGMR 78, para afirmar seu papel na oração eucarística, ademais do que já dizia na IGMR 79, falando da epiclese.

Igualmente sublinha, esse número, a centralidade da Eucaristia para a vida da Igreja e de cada cristão, e que a ela fazem referência todas as demais celebrações.

17. Especifica-se a finalidade pastoral desta ordenação da missa: que todos possam receber os frutos que Cristo pensou para este sacramento. Volta-se a definir a Eucaristia como memorial da Páscoa do Senhor.

18. De novo, aparece que a finalidade de toda a mudança e de toda a instrução é a "participação consciente, ativa e plena dos fiéis", interna e externa. É interessante o binômio "direito e dever", que se repete em outras ocasiões (cf. n. 386): estamos acostumados a falar do "preceito" da Eucaristia dominical, porém o povo cristão tem também "direito" a essa Eucaristia, por força de seu batismo.

à participação consciente, ativa e plena do corpo e do espírito, animada pelo fervor da fé, da esperança e da caridade. Esta é a participação ardentemente desejada pela Igreja e exigida pela própria natureza da celebração; ela constitui um direito e um dever do povo cristão em virtude do seu batismo.[28]

19. Embora às vezes não se possa contar com a presença dos fiéis e sua participação ativa, que manifestam mais claramente a natureza eclesial da celebração,[29] a celebração eucarística conserva sempre sua eficácia e dignidade, uma vez que é ação de Cristo e da Igreja, na qual o sacerdote cumpre seu múnus principal e age sempre pela salvação do povo.

Por isso, recomenda-se que ele, na medida do possível, celebre mesmo diariamente o sacrifício eucarístico.[30]

20. Realizando-se a celebração da Eucaristia, como também toda a liturgia, por meio de sinais sensíveis que alimentam,

[28] Cf. ibidem, n. 14.

[29] Cf. ibidem, n. 41.

[30] Cf. Concílio Ecumênico Vaticano II. Decr. sobre o ministério e a vida dos presbíteros, *Presbyterorum ordinis*, n. 13; CIC, cân. 904.

---

19. E se não tem comunidade? Certamente, a presença de alguns fiéis "manifesta melhor a natureza eclesial da Eucaristia". Porém, se não os tem, aqui, na última edição, defende-se a "eficácia e a dignidade" da Eucaristia que um sacerdote celebra ainda que não haja a presença de fiéis: ele "cumpre seu principal ministério" ("munus suum praecipuum adimplet"). Sempre será um ato de Cristo e da Igreja. Não por falta de fiéis deveria deixar de celebrar um sacerdote. Também para ele, pessoalmente, a Eucaristia é fonte e centro de sua espiritualidade.

Acrescenta-se, na edição de 2002, a recomendação de que os sacerdotes celebrem, diariamente, a Eucaristia, enquanto seja possível, seguindo as sugestões do Concílio e do Código. O n. 114 acrescentará a recomendação de que, sempre que possam, exerçam, visivelmente, seu ministério sacerdotal, concelebrando a Eucaristia.

20. Os diversos sinais, formas e elementos que propõe, o Missal terá de selecioná-los, tomando em conta as condições de cada comunidade.

fortalecem e exprimem a fé,[31] deve-se escolher e dispor com o maior cuidado as formas e elementos propostos pela Igreja que, em vista das circunstâncias de pessoas e lugares, promovam mais intensamente a participação ativa e plena dos fiéis, e que melhor respondam às suas necessidades espirituais.

21. A presente Instrução, portanto, visa apresentar as linhas gerais segundo as quais se deve ordenar a celebração da Eucaristia, bem como expor as regras para cada forma particular de celebração.[32]

22. De máxima importância é a celebração da Eucaristia na Igreja particular. O bispo diocesano, o principal dispenseiro dos mistérios de Deus na Igreja particular a ele confiada, é o moderador, o promotor e guarda de toda a vida litúrgica.[33] Nas

[31] Cf. Concílio Ecumênico Vaticano II. Const. sobre a sagrada liturgia, *Sacrosanctum concilium*, n. 59.

[32] Quanto às celebrações peculiares da missa, observe-se o que está prescrito: Cf., para as missas com grupos particulares: S. Congr. para o Culto Divino. Instr. *Actio pastoralis*, 15 de maio de 1969: AAS 61 (1969), pp. 806-811; para a missa com crianças: *Directorium de Missis cum pueris,* de 1º de novembro de 1973: AAS 66 (1974), pp. 30-46; sobre o modo de unir as horas do ofício com a missa: *Instrução geral sobre a liturgia das horas,* nn. 93-98; sobre o modo como unir certas bênçãos e a coroação da imagem da Bem-aventurada Virgem Maria com a missa: Ritual Romano, Ritual das bênçãos, edição típica para o Brasil, 1990, Introdução Geral, n. 28; Ritual de coroação da imagem da Bem-aventurada Virgem Maria, edição típica para o Brasil, 1990, nn. 10, 14, in Ritual da bênçãos.

[33] Cf. Concílio Ecumênico Vaticano II. Decreto sobre o múnus pastoral dos bispos na Igreja, *Christus dominus*, n. 15; cf. também Const. sobre a sagrada liturgia, *Sacrosanctum concilium*, n. 41.

É uma ideia, esta da adaptação pastoral, que se repetirá ao longo de toda a *Institutio*: cf. o que dissemos a respeito na Introdução, ao falar de alguns aspectos que se ressaltam nesta edição do Missal. Não se trata de variar por variar, mas de "favorecer a ativa e plena participação dos fiéis".

21. Nesta *Institutio*, oferecem-se, por uma parte, "diretrizes gerais", e, por outra, "normas" concretas para cada forma de celebração. Em nota, vê-se a que celebrações diversas se refere: as de grupos pequenos, as comunidades em que prevalecem as crianças, e a maneira de conectar a Eucaristia com outros elementos, como a Liturgia das Horas e as bênçãos.

celebrações que se realizam sob a sua presidência, sobretudo na celebração eucarística realizada por ele, com a participação do presbitério, dos diáconos e do povo, manifesta-se o mistério da Igreja. Por isso, tais celebrações da missa devem ser tidas como modelares para toda a diocese. É, pois, seu dever esforçar-se para que os presbíteros, os diáconos e os fiéis cristãos leigos compreendam sempre mais profundamente o sentido autêntico dos ritos e dos textos litúrgicos e assim sejam levados a uma celebração ativa e frutuosa da Eucaristia. Com a mesma finalidade, o bispo deve cuidar para que cresça sempre a dignidade das próprias celebrações, para cuja promoção muito contribui a beleza do espaço sagrado, da música e da arte.

23. Além disso, para que a celebração atenda mais plenamente às normas e ao espírito da sagrada liturgia e aumente sua eficácia pastoral, apresentam-se nesta Instrução Geral e no Ordinário da Missa alguns ajustes e adaptações.

24. Estas adaptações, na maioria, consistem na escolha de alguns ritos ou textos, ou seja, de cantos, leituras, orações, munições e gestos mais correspondentes às necessidades, à preparação e à índole dos participantes, atribuídas ao sacerdote celebrante. Contudo, o sacerdote deve estar lembrado de que ele é servidor da sagrada liturgia e de que não lhe é permitido, por própria conta, acrescentar, tirar ou mesmo mudar qualquer coisa na celebração da missa.[34]

[34] Cf. Concílio Ecumênico Vaticano II. Const. sobre a sagrada liturgia, *Sacrosanctum concilium*, n. 22.

22-26. Estes números são novos na versão de 2002: descrevem a importância eclesiológica da Eucaristia para a vida de uma Igreja particular e o papel que nela desenvolve o bispo. Mais tarde, no n. 112, repete-se a maior significação desta missa presidida pelo bispo, a que chama “a principal manifestação da Igreja”.

O bispo, descreve o n. 22, como “moderador, promotor e guarda de toda a vida litúrgica” de sua diocese. Ser “promotor” significa que se cuida de

25. Além disso, no Missal são indicadas, no devido lugar, certas adaptações que, conforme a Constituição sobre a sagrada liturgia, competem, respectivamente, ao bispo diocesano ou à conferência dos bispos[35] (cf. abaixo, n. 387, pp. 388-393).

26. No que se refere, porém, às diversidades e adaptações mais profundas, que atendam às tradições e à índole dos povos e regiões, a serem por utilidade ou necessidade introduzidas à luz

[35] Cf. tb. Concílio Ecumênico Vaticano II. Const. sobre a sagrada liturgia, *Sacrosanctum concilium*, n. 38, 40; Paulo VI. Const. apost. *Missale romanum,* anteriormente.

---

que tanto pastores como fiéis entendam cada vez mais em profundidade o sentido das celebrações e que se promova que estas se realizem com "dignidade", sem descuidar "a beleza do lugar sagrado, a música e a arte".

Sobretudo, deve cuidar da celebração da Eucaristia, porque é a que melhor "põe de manifesto o mistério da Igreja". A Eucaristia presidida pelo bispo deve ser "exemplar para toda a diocese" em todos os sentidos.

O clássico sintagma "missarum sollemnia" significa, simplesmente, "a celebração da missa" (não faz falta traduzir literalmente nem o plural de "missarum", nem o neutro plural de "sollemnia". O "ducantur" latino pode ser traduzido como "atraídos", e também como "conduzidos", no melhor sentido da "mistagogia", condução ao mistério. O importante é que os fiéis, conhecendo melhor o que celebram, sintam-se movidos a celebrá-lo com maior fruto.

Em vários números seguintes, além do 112, volta-se a falar do bispo em sua relação com a Eucaristia: nn. 91.149.175 etc.

23-26. Aqui, trata-se, mais detidamente, o tema das "acomodações e adaptações", que terá em conta o bispo, "segundo as necessidades, preparação e índole" de cada comunidade (n. 24). Essas adaptações, sugere-as, repetidas vezes, o mesmo Missal: já se nomeiam várias no n. 24. Trata-se de responder não só às "prescrições", mas também ao "espírito" da liturgia, tendo em conta "as tradições e a índole dos povos e regiões" (n. 26).

do art. 40 da Constituição sobre a sagrada liturgia, observe-se o que se expõe na Instrução *De liturgia Romana et inculturatione*"[36] que vem apresentado (nn. 395-399) mais adiante.

[36] CONGR. PARA O CULTO DIVINO E A DISCIPLINA DOS SACRAMENTOS, Instr. *Varietates legitimae*, 25 de janeiro de 1994: AAS 87 (1995), pp. 288-314.

Às vezes, é o "sacerdote celebrante", como o chama o n. 24, quem tem de fazer tais adaptações. Porém, o número termina com uma advertência: "Ele é servidor da sagrada liturgia e não lhe é permitido, por conta própria, acrescentar, tirar ou mesmo mudar qualquer coisa na celebração da missa". Essas adaptações referem-se, portanto, aos elementos que o Missal permite e até recomenda.

Outras vezes se trata de adaptações mais profundas, e estas pertencem ao bispo ou às conferências dos bispos (nn. 25-26), segundo regulará o capítulo IX, que é novo (nn. 386-399).

CAPÍTULO II

ESTRUTURA, ELEMENTOS E PARTES DA MISSA

I. ESTRUTURA GERAL DA MISSA

27. Na missa ou ceia do Senhor, o povo de Deus é convocado e reunido, sob a presidência do sacerdote que representa a pessoa de Cristo, para celebrar a memória do Senhor ou sacrifício eucarístico.[37] Por isso, a esta reunião local da santa Igreja

[37] Cf. Concílio Ecumênico Vaticano II. Decr. sobre o ministério e a vida dos presbíteros, *Presbyterorum ordinis*, n. 5; Const. sobre a sagrada liturgia, *Sacrosanctum concilium*, n. 33.

---

27. Este é um número programático e importante. Descreve, a modo de quase definição, os protagonistas e as dimensões teológicas da Eucaristia:

a) o "povo de Deus" é "congregado" para "celebrar"; chama-o também "assembleia local da Santa Igreja", que está enriquecida com uma especial presença do Senhor, segundo sua promessa;
b) esta comunidade celebra "sob a presidência do sacerdote, que representa a pessoa de Cristo";
c) o que se celebra nesta "missa ou ceia do Senhor" é "o memorial do Senhor ou sacrifício eucarístico", no qual "se perpetua o sacrifício da cruz";
d) a presença, sempre real, de Cristo alarga-se em uma enumeração muito característica: ele está "realmente presente" na assembleia,

aplica-se, de modo eminente, a promessa de Cristo: "Onde dois ou três estão reunidos no meu nome, eu estou no meio deles" (Mt 18,20). Pois na celebração da missa, em que se perpetua o sacrifício da cruz,[38] Cristo está realmente presente tanto na assembleia reunida em seu nome como na pessoa do ministro, na sua palavra e, também, de modo substancial e permanente, sob as espécies eucarísticas.[39]

28. A missa consta, por assim dizer, de duas partes, a saber, a liturgia da Palavra e a liturgia eucarística, tão intimamente unidas entre si que constituem um só ato de culto.[40] De fato, na missa se prepara tanto a mesa da Palavra de Deus como a do corpo de Cristo, para ensinar e alimentar os fiéis.[41] Há também alguns ritos que abrem e encerram a celebração.

[38] Cf. Conc. Ecum. Trid. Doutrina sobre o santo sacrifício da missa, cap. 1: DS 1740; cf. Paulo VI, *Solene profissão de fé*, n. 24, 30 de junho de 1968: AAS 60 (1968), p. 442.

[39] Cf. Concílio Ecumênico Vaticano II. Const. sobre a sagrada liturgia, *Sacrosanctum concilium*, n. 7; Paulo VI, Enc. *Mysterium fidei*, 3 de setembro de 1965: AAS 57 (1965), p. 764; S. Congr. dos Ritos, Instr. *Eucharisticum Mysterium*, de 25 de maio de 1967, n. 9: AAS 59 (1967), p. 547.

[40] Cf. Concílio Ecumênico Vaticano II. Const. sobre a sagrada liturgia, *Sacrosanctum concilium*, n. 56; S. Congr. dos Ritos, Instr. *Eucharisticum Mysterium*, de 25 de maio de 1967, n. 3: AAS 59 (1967), p. 542.

[41] Cf. Concílio Ecumênico Vaticano II. Const. sobre a sagrada liturgia, *Sacrosanctum concilium*, nn. 48, 51; Const. dogm. sobre a revelação divina, *Dei verbum*, n. 21; Decr. sobre o ministério e a vida dos presbíteros, *Presbyterorum ordinis*, n. 4.

---

na pessoa do ministro, em sua Palavra, e, "certamente, de maneira substancial e permanente, nas espécies eucarísticas". O n. 50 repetirá a presença de Cristo na comunidade, e os nn. 29.55 e 60, na Palavra. Sobre a presença real no pão e vinho consagrados já se havia expressado o IGMR 3 e 7.

28. Ao descrever a estrutura geral da Eucaristia, afirma que é no quádruplo, como às vezes se diz, mas, mais exatamente, na dupla parte: a Palavra e a Eucaristia, a "dupla mesa" a que nos convida, a Palavra e o corpo de Cristo, que formam "um só ato de culto". Isso sim, antes há uns ritos de abertura, e ao final outros de conclusão, porém não têm tanta importância como as duas partes centrais.

Na introdução ao Lecionário, desenvolve-se mais o relativo a esta "dupla mesa" da Palavra e da Eucaristia, sobretudo no OLM 10 (também OLM 32 e 46).

II. OS DIVERSOS ELEMENTOS DA MISSA

Leitura e explanação da Palavra de Deus

29. Quando se leem as Sagradas Escrituras na Igreja, o próprio Deus fala a seu povo, e Cristo, presente em sua Palavra, anuncia o Evangelho.

Por isso todos devem escutar com veneração as leituras da Palavra de Deus, elemento de máxima importância da liturgia. Embora a palavra divina contida nas leituras da Sagrada Escritura se dirija a todos os homens de qualquer época e seja entendida por eles, a sua mais plena compreensão e eficácia é aumentada pela exposição viva, isto é, a homilia, que é parte da ação litúrgica.[42]

[42] Cf. Concílio Ecumênico Vaticano II. Const. sobre a sagrada liturgia, *Sacrosanctum concilium*, nn. 7, 33, 52.

---

29. Entre os vários elementos que vai nomear da celebração, fala, em primeiro lugar, da Palavra de Deus, por ser "um elemento da maior importância" que todos devem escutar "com veneração". Na introdução ao Lecionário, que forma parte do Missal Romano, desenvolve-se muito bem a apresentação teológica e espiritual da Palavra de Deus na celebração eucarística (OLM 1-10).

Aqui se define teologicamente a essência dessas leituras: "O próprio Deus fala a seu povo, e Cristo, presente em sua Palavra, anuncia o Evangelho". Já havia dito, no n. 27, que Cristo está, realmente, presente em sua Palavra. Voltará a dizer nos nn. 55 ("Deus fala a seu povo... e o próprio Cristo, por sua Palavra, se acha presente no meio dos fiéis") e 60 ("os fiéis reconhecem e professam que o Cristo está presente e lhes fala").

Menciona-se, pela primeira vez, a homilia, da qual se diz que é "uma exposição viva", "parte da ação litúrgica" e uma ajuda muito eficaz para que os presentes celebrem com maior eficácia a Palavra de Deus. Voltará a falar da homilia sobretudo nos nn. 65-66 (cf. também n. 136).

Orações e outras partes próprias do sacerdote

30. Entre as partes que competem ao sacerdote, ocupa o primeiro lugar a oração eucarística, ápice de toda a celebração. A seguir vêm as orações, isto é, a oração do dia (coleta), a oração sobre as oferendas e a oração depois da comunhão. O sacerdote, presidindo a comunidade como representante de Cristo, dirige a Deus essas orações em nome de todo o povo santo e de todos os circunstantes.[43] É com razão, portanto, que são chamadas "orações presidenciais".

31. Da mesma forma, cabe ao sacerdote, no desempenho da função de presidente da assembleia, proferir certas admoestações previstas no próprio rito. Quando estiver estabelecido pelas rubricas, o celebrante pode adaptá-las um pouco para que atendam à compreensão dos participantes; cuide, contudo, o sacerdote de manter sempre o sentido da exortação proposta no Missal e a expresse em poucas palavras. Cabe ao sacerdote presidente também moderar a proclamação da Palavra de

[43] Cf. ibidem, n. 33.

---

30. Entre as "atribuições do sacerdote" que preside, está a de nomear, em primeiro lugar, as *orações presidenciais*, as que, "como representante de Cristo, dirige a Deus em nome de todo o povo santo e de todos os circunstantes", começando pela oração eucarística, a eucologia maior, e seguindo pelas três orações mais breves, a eucologia menor.

31. Outras intervenções do presidente são as *monições* que lhe atribui o Missal, por exemplo, no começo da celebração, "após a saudação inicial e antes do ato penitencial", ou antes das leituras e do prefácio, ou ao final da celebração, antes da despedida. Poderia ter mencionado, explicitamente, outras monições presidenciais: o convite ao pai-nosso e à comunhão.

A respeito dessas monições diz-se que o sacerdote pode "adaptá-las um pouco para que atendam à compreensão dos participantes", na linha com o

Deus e dar a bênção final. Pode, além disso, com brevíssimas Palavras, introduzir os fiéis na missa do dia, após a saudação inicial e antes do ato penitencial, na liturgia da Palavra, antes das leituras; na oração eucarística, antes do prefácio, nunca, porém, dentro da própria oração; pode ainda encerrar toda a ação sagrada antes da despedida.

32. A natureza das partes "presidenciais" exige que sejam proferidas em voz alta e distinta e por todos atentamente escutadas.[44] Por isso, enquanto o sacerdote as profere, não haja

[44] Cf. S. Congr. dos Ritos. Instr. *Musicam sacram*, n. 14, 5 de março de 1967: AAS 59 (1967), p. 304.

---

que já havia afirmado várias vezes sobre a adaptação à comunidade e sua sensibilidade (nn. 18.20.23-26). Porém, a atual versão restringe um tanto o que dizia antes no n. 11 da segunda edição do Missal. Antes, dizia-se que "a natureza mesma destas monições não requer que se recitem exatamente na forma proposta no Missal; convirá, pois, pelo menos em alguns casos, adaptá-las às condições reais da comunidade". Agora, essa adaptação das monições só pode ser feita "onde as rubricas o estabelecem", e, ademais, deve procurar "guardar, sempre, o sentido da monição que se propõe no Missal".

Também recorda que essas monições devem fazer-se "em poucas palavras", "com brevíssimas palavras". Na versão de 2002, acrescentou-se a norma de que a monição da oração eucarística, se se decidir fazê-la, deve ser dita antes do prefácio, e não uma vez começada a oração, já que só se dirige a oração a Deus, e não à comunidade. "Nunca dentro da mesma". Em geral, nota-se uma certa (e sana) "relativização" das monições, como defesa contra o exagerado uso que delas se faz não poucas vezes (cf. nn. 43.68.105).

Também se nomeia, aqui, que ao sacerdote compete a "moderação" da liturgia da Palavra ("Verbum Dei moderari", que não se sabe bem a que se pode referir) e a bênção final.

outras orações nem cantos, e calem-se o órgão e qualquer outro instrumento.

33. Na verdade, o sacerdote, como presidente, reza em nome da Igreja e de toda a comunidade reunida e, por vezes, também somente em seu nome para cumprir o seu ministério com atenção e piedade. Estas orações, propostas antes da proclamação do Evangelho, na preparação das oferendas e antes e depois da comunhão do sacerdote, são rezadas em silêncio.

Outras fórmulas que ocorrem na celebração

34. Sendo a celebração da missa, por sua natureza, de índole "comunitária",[45] assumem grande importância os diálogos entre o sacerdote e os fiéis reunidos, bem como as

[45] Cf. Concílio Ecumênico Vaticano II. Const. sobre a sagrada liturgia, *Sacrosanctum concilium*, nn. 26-27; S. Congr. dos Ritos. Instr. *Eucharisticum mysterium*, n. 3d, 25 de maio de 1967: AAS 59 (1967), p. 542.

---

32. Recorda-se que todas as intervenções que o sacerdote faz como presidente, ou seja, em nome e para toda a comunidade, deve fazê-las "claramente e em voz alta". Aspecto que completará o n. 38.

É bom que se recorde, portanto, durante essas intervenções do presidente — sobretudo na oração eucarística — "calem-se o órgão e qualquer outro instrumento", evitando a tentação que podem sentir alguns organistas (ou bandas de música) de "acompanhar" com música instrumental o momento da consagração, no coração mesmo da oração eucarística, coisa que só tem justificação nas emissões radiofônicas, em que não pode haver momentos de silêncio.

33. Além das orações presidenciais, o sacerdote diz outras "a título pessoal". Por exemplo: antes de proclamar o Evangelho, ou na preparação dos dons e momentos antes da comunhão. Essas orações "se dizem em segredo", ou seja, não em voz baixa, porque com a megafonia não há "voz baixa". O dizer em segredo essas orações permite ao sacerdote, ao mesmo tempo, preparar-se para esses momentos importantes e, por outro lado, respeita o silêncio da comunidade.

aclamações,[46] pois não constituem apenas sinais externos da celebração comum, mas promovem e realizam a comunhão entre o sacerdote e o povo.

35. As aclamações e respostas dos fiéis às orações e saudações do sacerdote constituem o grau de participação ativa que os fiéis congregados, em qualquer forma de missa, devem realizar, para que se promova e exprima claramente a ação de toda a comunidade.[47]

36. Outras partes, muito úteis para manifestar e fomentar a participação ativa dos fiéis e que competem a toda a assembleia convocada, são principalmente o ato penitencial, a profissão de fé, a oração universal e a oração do Senhor.

[46] Cf. Conc. Ecum. Vat. II, Const. sobre a sagrada liturgia, *Sacrosanctum concilium*, n. 30.

[47] Cf. S. Congr. dos Ritos, Instr. *Musicam sacram*, 5 de março de 1967, n. 16a: AAS 59 (1967), p. 305.

34-35. Potenciam-se as intervenções breves da comunidade: os diálogos e as aclamações que intercala em diversos momentos da celebração. Por exemplo: em torno do Evangelho e dentro da oração eucarística.

Essas intervenções "têm uma grande força". Não são apenas "sinais" externos de participação, mas que "fomentam e realizam" a comunhão de todos com o sacerdote, ou seja, com o que se celebra, e assim fica "expressada e fomentada a ação comum de toda a comunidade".

Claro que há outras maneiras de entrar nessa comunhão com o mistério, como o silêncio, a escuta ativa da Palavra e a participação nas orações e cantos: assim o completarão o número seguinte e também os nn. 95-96.

36. Os momentos celebrativos que aqui nomeia significam e realizam a participação de toda a comunidade: o ato penitencial, o *Creio*, a oração universal e o pai-nosso. Poderia haver nomeado também outros, como o salmo responsorial ou os diversos cantos da celebração.

Na introdução ao Lecionário, trata-se melhor da atitude de fé e de escuta da comunidade dos fiéis na celebração da Palavra: OLM 44-48.

37. Por fim, entre as outras fórmulas:

a) algumas constituem um rito ou ato independente, como o hino do *Glória*, o salmo responsorial, o *Aleluia* e o versículo antes do Evangelho, o *Sanctus*, a aclamação da anamnese e o canto depois da comunhão;

b) algumas, porém, acompanham um rito, tais como o canto da entrada, das oferendas, da fração (Cordeiro de Deus) e da comunhão.

Maneiras de proferir os diversos textos

38. Nos textos que o sacerdote, o diácono, o leitor ou toda a assembleia devem proferir em voz alta e distinta, a voz corresponda ao gênero do próprio texto, conforme se trate de leitura, oração, exortação, aclamação ou canto; como também à forma de celebração e à solenidade da assembleia. Além disso, leve-se em conta a índole das diversas línguas e dos povos.

Nas rubricas, portanto, e nas normas que se seguem, as palavras "dizer" ou "proferir" devem aplicar-se tanto ao canto como à recitação, observados os princípios acima propostos.

---

37. É justa a distinção entre as fórmulas que "têm por si mesmas valor de rito ou de ato", como o *Glória* e o salmo responsorial, e as que "acompanham um rito", como os cantos de entrada ou de fração do pão ou da comunhão. Entre as primeiras estaria, também, o ato penitencial, a oração universal e o pai-nosso.

38. O tom de voz dos que dentro da celebração falam em voz alta (na versão de 2002 foi acrescentada a menção do diácono e do leitor) é diferente segundo o gênero de sua intervenção. Há textos que se dizem ao povo (monições, homilia, avisos), outros a Deus (orações) e alguns com os olhos e a atenção postos no livro (leituras).

Também se convida a ter em conta a diversa solenidade, a índole das diversas línguas e, uma vez mais, a adaptação ao caráter dos povos.

Importância do canto

39. O Apóstolo aconselha os fiéis, que se reúnem em assembleia para aguardar a vinda do Senhor, a cantarem juntos salmos, hinos e cânticos espirituais (cf. Cl 3,16), pois o canto constitui um sinal de alegria do coração (cf. At 2,46). Por isso, dizia com razão Santo Agostinho: "Cantar é próprio de quem ama",[48] e há um provérbio antigo que afirma: "Quem canta bem, reza duas vezes".

40. Portanto, dê-se grande valor ao uso do canto na celebração da missa, tendo em vista a índole dos povos e as possibilidades de cada assembleia litúrgica. Ainda que não seja necessário cantar sempre todos os textos por si mesmos destinados ao canto, por exemplo, nas missas dos dias de semana, deve-se zelar para que não falte o canto dos ministros e do povo nas celebrações dos domingos e festas de preceito.

Na escolha das partes que de fato são cantadas, deve-se dar preferência às mais importantes e, sobretudo, àquelas que o sacerdote, o diácono e o leitor cantam com respostas do povo; ou, então, àquelas que o sacerdote e o povo devem proferir simultaneamente.[49]

[48] Sto. Agostinho de Hipona. *Sermo 336,* 1: PL 38, 1472.

[49] Cf. S. Congr. dos Ritos. Instr. *Musicam sacram,* nn. 7, 16, 5 de março de 1967: AAS 59 (1967), pp. 302 e 305.

39-41. Dedicam-se estes números a motivar a importância do canto na celebração eucarística, seguindo, sobretudo, o que diz a Instrução de 1967 *Musicam sacram*. Há de ter "em grande estima o uso do canto na celebração da missa".

A motivação bíblica é feita a partir de uma citação de Paulo e outra dos Atos, que o Missal interpreta como "o canto é um sinal de euforia do coração", ainda que o texto bíblico não falava do canto. Também se alude a uma citação patrística, de Santo Agostinho, e a outra da sabedoria popular. Poderia ter citado outras passagens bíblicas e patrísticas para "justificar" o canto e a música em nossas celebrações. Porém, é evidente que aqui não se queria oferecer um tratado completo do tema.

41. Em igualdade de condições, o canto gregoriano ocupa o primeiro lugar, como próprio da liturgia romana. Outros gêneros de música sacra, especialmente a polifonia, não são absolutamente excluídos, contanto que se harmonizem com o espírito da ação litúrgica e favoreçam a participação de todos os fiéis.[50]

[50] Cf. Concílio Ecumênico Vaticano II. Const. sobre a sagrada liturgia, *Sacrosanctum concilium*, n. 116; cf. também ibidem, n. 30.

Dão-se umas diretrizes pastorais para o canto na celebração:

a) sua adaptação "ao caráter de cada povo" e às "possibilidades de cada assembleia litúrgica";

b) a distinção entre as celebrações dominicais, nas quais tem de estar mais presente o canto (sublinha o caráter festivo da missa dominical, por meio do canto), e as feriais, nas quais não é necessário cantar todo o cantável;

c) estabelecendo uma hierarquia na importância dos cantos, enumera-se, antes de tudo, o que realizam os ministros e o povo: aqui, não se fala ainda do coro;

d) uma novidade da edição de 2002 é o parágrafo primeiro do n. 41, onde se diz que, em igualdade de circunstâncias, há de ser dada preferência ao canto gregoriano, como próprio da liturgia romana; os demais gêneros de canto, como a polifonia (não se nomeiam outros), também cabem na celebração, "contanto que respondam ao espírito da ação litúrgica e favoreçam a participação de todos os fiéis";

e) finalmente, convida-se a que não se perca de todo o latim nos cantos (sobretudo no *Creio* e no pai-nosso), "já que é cada dia mais frequente o encontro de fiéis de diversas nacionalidades".

Poderiam ter descrito mais detidamente a motivação teológica e espiritual do canto (seu caráter festivo, comunitário, expressivo dos sentimentos, oferenda de homenagem a Deus...), assim como outros critérios para a sua seleção (a adequação ao momento celebrativo, a dignidade musical, a qualidade do texto...).

Uma vez que se realizam sempre mais frequentemente reuniões internacionais de fiéis, convém que aprendam a cantar juntos, em latim, ao menos algumas partes do Ordinário da Missa, principalmente o símbolo da fé e a oração do Senhor, empregando-se melodias mais simples.[51]

Gestos e posições do corpo

42. Os gestos e posições do corpo, tanto do sacerdote, do diácono e dos ministros como do povo, devem contribuir para que toda a celebração resplandeça pelo decoro e nobre simplicidade, de maneira que se compreenda a verdadeira e plena significação de suas diversas partes e se favoreça a participação de todos.[52] Deve-se, pois, atender às diretrizes desta Instrução

[51] Cf. Concílio Ecumênico Vaticano II. Const. sobre a sagrada liturgia, *Sacrosanctum concilium*, n. 54; S. Congr. dos Ritos. Instr. *Inter oecumenici*, n. 59, 26 de setembro de 1964: AAS 56 (1965), p. 891; Instr. *Musicam sacram*, n. 47, 5 de março de 1967: AAS 59 (1967), p. 314.

[52] Cf. Concílio Ecumênico Vaticano II. Const. sobre a sagrada liturgia, *Sacrosanctum concilium*, nn. 30, 34; cf. ibidem, n. 21.

Fala-se do canto também nos nn. 125.126.137.155.216.312.313.366.367, à parte dos momentos concretos do canto de entrada (47-48), dos cantos entre as leituras (61-64), do canto no ofertório (74) e na comunhão (86-88). Não se fala do canto popular nem da música "escutada". Em geral, nesta edição valoriza-se mais do que nas anteriores a importância do canto, e dentro do corpo do Missal são oferecidos mais textos musicalizados.

42-44. Estes números motivam e regulam os gestos e posturas corporais durante a celebração da Eucaristia, cuja finalidade é ajudar a celebrar melhor o mistério.

Assinalam-se (sobretudo no n. 42) os critérios básicos para tais posturas:

a) a beleza, o "decoro" e a nobre simplicidade da celebração;

b) que ajudem a entender melhor o sentido de cada parte da mesma;

c) que a postura favoreça a participação plena no que celebramos;

d) que tenha em conta a tradição secular da Igreja, que se reflete, hoje, nas normas atuais deste Missal; porém é difícil saber qual é, em cada

geral e da prática tradicional do rito romano e a tudo que possa contribuir para o bem comum espiritual do povo de Deus, de preferência ao próprio gosto ou arbítrio.

A posição comum do corpo, que todos os participantes devem observar, é sinal da unidade dos membros da comunidade cristã, reunidos para a sagrada liturgia, pois exprime e estimula os pensamentos e os sentimentos dos participantes.

---

caso, a validez da "tradita praxis" de que se fala aqui, porque foi variando ao longo da história, segundo a sensibilidade do povo e a melhor ou pior compreensão da Eucaristia; aqui se refere inteiramente à tradição da liturgia romana, não das orientais;

e) porque a celebração é algo eclesial, não somente algo do gosto pessoal daquele que preside ou da equipe litúrgica;

f) a uniformidade desses gestos e posturas é sinal e, ao mesmo tempo, fator ("expressa e fomenta") da unidade dos presentes (essa "unanimidade" de que fala o n. 42 em latim é designada como "mentem et sensus animi");

g) para conseguir tal uniformidade, remete-se às monições que se deem em cada comunidade (n. 43). Essa norma já existia antes; agora, matiza-se que tal monição seja dada "segundo o disposto no Missal", ou, também, que obedeça ao que já havia determinado a conferência episcopal própria. Por exemplo: decidiu-se que o Evangelho seja escutado sentados (como no Zaire), ou que, depois do *sanctus*, fiquem de joelhos até depois do *Amém* (como nos Estados Unidos da América), ou que, durante toda a oração, permaneçam de pé (como decidiram vários episcopados); algumas decisões, como a de permanecer de joelhos durante a oração eucarística, são devidas ao desejo de distinguir-se de outras confissões cristãs;

43. Os fiéis permaneçam de pé, do início do canto da entrada, ou enquanto o sacerdote se aproxima do altar, até a oração do dia, inclusive; ao canto da *Aleluia* antes do Evangelho; durante a proclamação do Evangelho; durante a profissão de fé e a oração universal; e do convite "orai, irmãos" antes da oração sobre as oferendas até o fim da missa, exceto nas partes citadas em seguida.

Sentem-se durante as leituras antes do Evangelho e durante o salmo responsorial; durante a homilia e durante a preparação das oferendas; e, se for conveniente, enquanto se observa o silêncio sagrado após a comunhão.

---

h) é importante que essas posturas sejam determinadas de acordo com a índole e a finalidade de cada momento da celebração, ou seja, escolher-se-á a postura que seja mais coerente com a atitude de escuta, ou de respeito, ou de celebração, ou de marcha (n. 43).

A respeito das posturas concretas durante a missa (n. 43):

a) quanto à postura *de pé*, que é muito própria da oração, sobretudo sacerdotal, há uma novidade esclarecedora: não só se escuta de pé a oração sobre as oferendas (quando o presidente reza em nome da comunidade, todos o apoiam na mesma postura que tem ele: de pé!), mas há de pôr-se de pé para responder ao convite "orai, irmãos"; há de completar o que diz o n. 43 com o n. 146: quando o sacerdote diz "orai, irmãos", a comunidade levanta-se e responde já de pé;

b) quanto à postura *sentados*, não há novidade: é a mais adequada para os momentos que se assinalam, porque é a postura dos discípulos que escutam o mestre e também a que mais favorece esse momento de recolhimento meditativo que segue à comunhão;

c) repete-se a norma de que durante a consagração a comunidade está, em princípio, *de joelhos*: é a postura que melhor expressa a adoração; aqui, são mantidos os motivos que já antes eram dados para ficar de pé neste momento (a estreiteza do lugar, o grande número de assistentes e "outras causas razoáveis") e é acrescentado outro: a saúde ("ratione

Ajoelhem-se, porém, durante a consagração, a não ser que por motivo de saúde ou falta de espaço ou o grande número de presentes ou outras causas razoáveis não o permitam. Contudo, aqueles que não se ajoelham na consagração, façam inclinação profunda enquanto o sacerdote faz genuflexão após a consagração.

Compete, porém, à conferência dos bispos adaptar, segundo as normas do direito, à índole e às legítimas tradições dos povos os gestos e posições do corpo descritos no Ordinário da Missa.[53] Cuide-se, contudo, que correspondam ao sentido e à índole de cada parte da celebração. Onde for costume o povo permanecer de joelhos do fim da aclamação do Santo até ao final da oração eucarística e antes da comunhão, quando o sacerdote diz: "Eis o Cordeiro de Deus", é louvável que ele seja mantido.

Para se obter a uniformidade nos gestos e posições do corpo em uma mesma celebração, obedeçam os fiéis aos avisos

[53] Cf. ibidem, n. 40; Congr. para o Culto Divino e a Disciplina dos Sacramentos. Instr. *Varietates legitimae*, n. 41, 25 de janeiro de 1994: AAS 87 (1995), p. 304.

salutis"); porém, manda-se, agora (2002), que, no caso de que não se ajoelhem (pode ser o caso de que não haja facilidade para ajoelhar-se, no caso de celebrar ao ar livre ou onde não houver reclinatórios, ou por motivos de velhice ou pouca saúde), façam todos uma "inclinação profunda", conscientes de que está sucedendo o mistério da transformação do pão e do vinho.

Quanto às competências das *conferências episcopais*, nas edições anteriores dizia-se que podiam adaptar tais posturas segundo a índole de seu povo; aqui, acrescenta-se que tenham em conta, também, as tradições razoáveis. Assim, em alguns países decidiram que seja escutado o Evangelho sentados, ou que durante toda a oração eucarística a comunidade esteja de pé, ou que a comunhão possa ser recebida de joelhos.

Na edição de 2002, acrescenta-se que, "ali onde seja costume", os fiéis estejam de joelhos desde o *Sanctus* até o final da oração eucarística, ou

dados pelo diácono, por um ministro leigo ou pelo sacerdote, de acordo com o que vem estabelecido no Missal.

44. Entre os gestos incluem-se também as ações e as procissões realizadas pelo sacerdote com o diácono e os ministros ao se aproximarem do altar; pelo diácono, antes da proclamação do Evangelho ou ao levar o Livro dos evangelhos ao ambão; dos fiéis, ao levarem os dons e enquanto se aproximam da comunhão. Convém que tais ações e procissões sejam realizadas com dignidade, enquanto se executam cantos apropriados, segundo as normas estabelecidas para cada uma.

O silêncio

45. Oportunamente, como parte da celebração, deve-se observar o silêncio sagrado.[54] A sua natureza depende do momento em

[54] Cf. Concílio Ecumênico Vaticano II. Const. sobre a sagrada liturgia, *Sacrosanctum concilium*, n. 30; S. Congr. dos Ritos. Instr. *Musicam sacram*, n. 17, 5 de março de 1967: AAS 59 (1967), p. 305.

---

se ajoelhem quando o sacerdote convida à comunhão; "é louvável que se mantenha" ("laudabiliter retinetur") esse costume. Porém, em ambos os casos, só ali onde seja costume ("ubi mos est"). Se não há uma decisão assim, segue-se a norma geral estabelecida neste Missal.

Também essas conferências podem decidir se se comunga de joelhos ou de pé (n. 160). Porém, este último há de ser considerado com o que diz o n. 286: o fiel comunga de pé, se é que recebe o vinho bebendo do cálice.

São incluídos aqui (n. 44), também, os movimentos ou procissões que acontecem na celebração da Eucaristia: a de entrada, a do Evangelho, a do ofertório, a da comunhão. Pede-se que essas procissões, que a presente edição parece valorizar mais do que a anterior, "sejam realizadas de forma decorosa", acompanhadas dos cantos correspondentes. Podia-se ter motivado mais a finalidade e o sentido simbólico dessas procissões anteriores à Eucaristia como próprias de uma comunidade itinerante e em marcha.

Nos nn. 273-275, fala-se de outros gestos e posturas dentro da celebração: o beijo, a genuflexão e as várias classes de inclinação, de cabeça ou de corpo.

que ocorre em cada celebração. Assim, no ato penitencial e após o convite à oração, cada fiel se recolhe; após uma leitura ou a homilia, meditam brevemente o que ouviram. Após a comunhão, enfim, louvam e rezam a Deus no íntimo do coração.

Convém que já antes da própria celebração se conserve o silêncio na igreja, na sacristia, na secretaria e mesmo nos lugares mais próximos, para que todos se disponham, devota e devidamente, a realizar os sagrados mistérios.

III. AS PARTES DA MISSA

A) Ritos iniciais

46. Os ritos que precedem a liturgia da Palavra, isto é, entrada, saudação, ato penitencial, *Kýrie, Glória* e oração do dia, têm o caráter de exórdio, introdução e preparação.

---

45. A importância do silêncio pode-se dizer que ficou mais evidente na nova edição do Missal Romano (cf. o que dissemos na introdução deste livro).

Recomendam-se observar breves momentos de silêncio, para ajudar a que possamos escutar com profundidade a Palavra, para personalizar a oração ou para prolongar em concentração o espaço culminante da comunhão. Tais momentos de silêncio dão à celebração um ritmo sereno que permita, a todos, ir sintonizando com o que celebram, ouvem e dizem.

Os silêncios que aqui recorda (e que logo vai completando quando trata de cada um deles com suas respectivas motivações) são o ato penitencial, a oração do dia (depois do convite para orar), após as leituras e a homilia, e depois da comunhão. Acrescentou-se (2002), neste n. 45, um detalhe significativo: que se guarde silêncio na igreja, na sacristia e nos lugares mais próximos, "para que todos se disponham, devota e devidamente, a realizar os sagrados mistérios".

Cf. o que dizem do silêncio na celebração OLM 28, referente à Palavra (para acolhê-la interiormente e preparar a resposta da oração), e IGLH 202 na Liturgia das Horas (para alcançar a plena ressonância da voz do Espírito Santo).

A finalidade dos ritos é fazer com que os fiéis, reunindo-se em assembleia, constituam uma comunhão e se disponham a ouvir atentamente a Palavra de Deus e celebrar dignamente a Eucaristia.

Em certas celebrações que, de acordo com as normas dos livros litúrgicos, se ligam com a missa, omitem-se os ritos iniciais ou são realizados de um modo próprio.

Entrada

47. Reunido o povo, enquanto o sacerdote entra com o diácono e os ministros, começa o canto da entrada. A finalidade

---

46. Dos *ritos iniciais* fala-se aqui, nos nn. 46-54, porém logo serão especificados mais detalhes na descrição de cada uma das formas de celebração eucarística.

A finalidade dos ritos iniciais da Eucaristia é descrita, aqui, como: a) criar comunidade entre os fiéis e b) preparar seus ânimos para o que vão celebrar: a escuta da Palavra e a Eucaristia.

No número seguinte, falando do canto de entrada, repetir-se-á o da unidade, e acrescentar-se-á outra finalidade que pode ser aplicada a todos esses ritos: "Introduzir os fiéis no mistério do tempo litúrgico ou da festa".

É novo o que acrescenta este número sobre a união que se pode realizar entre a Eucaristia e outras celebrações, porque na primeira edição do Missal ainda não se havia previsto isso. No caso de no início da missa ser rezada a salmodia de uma hora canônica, ou ser feita a aspersão batismal dos domingos, ou ser celebrada outra ação litúrgica, como no caso das exéquias e do matrimônio, são suprimidos, como se indica aqui, os ritos iniciais da missa, ou são realizados de um modo peculiar, que cada vez se indica.

47-48. Do *canto de entrada* afirma-se, antes de tudo, sua finalidade:

a) abrir a celebração,

b) acompanhar a procissão de entrada do sacerdote e dos ministros,

c) fomentar a união de todos os presentes,

d) introduzir no mistério, segundo o tempo litúrgico ou festa que se celebre.

desse canto é abrir a celebração, promover a união da assembleia, introduzir no mistério do tempo litúrgico ou da festa, e acompanhar a procissão do sacerdote e dos ministros.

48. O canto é executado alternadamente pelo coral de cantores e pelo povo, ou pelo cantor e pelo povo, ou só pelo grupo de cantores. Pode-se usar a antífona com seu salmo, do Gradual romano ou do Gradual simples, ou então outro canto condizente com a ação sagrada[55] e com a índole do dia ou do tempo, cujo texto tenha sido aprovado pela conferência dos bispos.

Não havendo canto à entrada, a antífona proposta no Missal é recitada pelos fiéis, ou por alguns deles, ou pelo leitor; ou, então, pelo próprio sacerdote, que também pode adaptá-la a modo de exortação inicial (cf. n. 31).

[55] Cf. João Paulo II. Carta apostólica *Dies domini*, n. 50, 31 de maio de 1998: AAS 90 (1998), p. 745.

São comentados, ademais, os diversos modos de realizá-lo, entre a comunidade e a *schola*. A respeito do texto, diz que pode ser o assinalado no Gradual romano ou no Gradual simples, ou então outro canto, porém adequado ao que celebramos e ao dia ou tempo em que estamos, e cujo texto haja sido aprovado pela conferência dos bispos. Esta última condição, não se pode dizer que nos primeiros anos tenha sido levada muito em conta nem pelos mesmos bispos nem pelas comunidades.

Ao falar de como proceder com esta antífona de entrada quando não se canta, acrescenta como novidade (2002) a possibilidade de, se a antífona que propõe o Missal não puder ser cantada, o sacerdote poder adaptá-la a modo de monição. Portanto, mais do que recitar uma antífona a seco, antes ou depois da saudação, é melhor aproveitar suas ideias (ambientando o tempo litúrgico ou a festa ou o início da missa) para essa breve monição com que o sacerdote se dirige aos fiéis depois de sua saudação bíblica. Tomara dissesse o mesmo, em outro caso paralelo, a antífona da comunhão (cf. n. 87), como já faz o Missal Alemão.

Saudação ao altar e ao povo reunido

49. Chegando ao presbitério, o sacerdote, o diácono e os ministros saúdam o altar com uma inclinação profunda.

Em seguida, em sinal de veneração, o sacerdote e o diácono beijam o altar; e o sacerdote, se for oportuno, incensa a cruz e o altar.

50. Executado o canto da entrada, o sacerdote, de pé junto à cadeira, junto com toda a assembleia faz o sinal da cruz; a seguir, pela saudação, expressa à comunidade reunida a presença do Senhor. Esta saudação e a resposta do povo exprimem o mistério da Igreja reunida.

Feita a saudação do povo, o sacerdote, o diácono ou um ministro leigo, pode, com brevíssimas palavras, introduzir os fiéis na missa do dia.

---

49. A *saudação do altar* supõe, antes de tudo, uma inclinação profunda (se o sacrário não está no espaço do presbitério) e, logo, o beijo ao mesmo altar. Em dias mais solenes, faz-se, aqui, a incensação da cruz (acrescentou-se este matiz na última versão) e do altar: primeiro da cruz e depois do altar. Quer-se ressaltar a íntima relação do que sucede no altar com a cruz de Cristo. Isso recordarão, mais explicitamente, os nn. 296 e 308.

50. Motiva-se mais detidamente a *saudação à comunidade* por parte do sacerdote.

Todo o rito de entrada é presidido pelo sacerdote desde a sua cadeira. Depois de beijar o altar, vai para a cadeira e, daí, terminado o canto de entrada, faz o sinal da cruz, saúda a comunidade, e dali preside toda a liturgia da Palavra. Só para o ofertório vai para o altar, onde permanece até o final da missa (depois da comunhão "pode" ir para a sua cadeira). O Missal dá importância, pois, à pedagogia "espacial", à distribuição dos diversos momentos da celebração em seus lugares mais coerentes. Na missa pré-conciliar, sobretudo a rezada, tudo se desenvolvia no altar.

Ato penitencial

51. Em seguida, o sacerdote convida para o ato penitencial, que, após breve pausa de silêncio, é realizado por toda a assembleia através de uma fórmula de confissão geral e concluído pela absolvição do sacerdote, absolvição que, contudo, não possui a eficácia do sacramento da Penitência.

Aos domingos, particularmente no tempo pascal, em lugar do ato penitencial de costume, pode-se fazer, por vezes, a bênção e aspersão da água em recordação do batismo.[56]

[56] Cf. Missal Romano. 3. ed. típica latina, pp. 1249-1652.

A saudação à comunidade está motivada numa dupla direção: a) uma cristológica: "Manifesta à assembleia reunida a presença do Senhor", de Cristo ressuscitado, o que prometeu, segundo recordava já o n. 27, sua presença na comunidade reunida em seu nome; b) e outra eclesiológica: "Esta saudação e a resposta do povo exprimem o mistério da Igreja reunida".

Afirma-se, finalmente, que o sacerdote pode fazer uma monição de entrada na celebração, "com brevíssimas palavras". Na última edição, acrescentou-se a possibilidade de que a possa fazer o diácono ou um leigo, ainda que o mais lógico é que seja o mesmo que preside a celebração quem dirija suas primeiras palavras à comunidade.

51. Ao falar do *ato penitencial*, recorda-se, mais explicitamente agora, que "não possui a eficácia própria do sacramento da penitência".

É novo, também, que se afirme que aos domingos, sobretudo no tempo pascal, em vez do ato penitencial, pode-se realizar a aspersão da água em memória do batismo. Mesmo que nos missais traduzidos já estivesse, na edição latina de 1975 ainda não se havia incorporado essa aspersão. Agora, com relação ao Missal que conhecíamos nós desde 1988, nota-se, aqui, na edição latina, um certo matiz restritivo: "pode-se fazer, por vezes, a bênção e aspersão da água".

Kýrie ou Senhor, tende piedade

52. Depois do ato penitencial inicia-se sempre o *Kýrie ou Senhor, tende piedade*, a não ser que já tenha sido rezado no próprio ato penitencial. Tratando-se de um canto em que os fiéis aclamam o Senhor e imploram a sua misericórdia, é executado normalmente por todos, tomando parte nele o povo e o grupo de cantores ou o cantor.

Via de regra, cada aclamação é repetida duas vezes, não se excluindo, porém, um número maior de repetições por causa da índole das diversas línguas, da música ou das circunstâncias. Quando o *Kýrie* é cantado como parte do ato penitencial, antepõe-se a cada aclamação uma "invocação".

Glória a Deus nas alturas

53. O *Glória* é um hino antiquíssimo e venerável, pelo qual a Igreja, congregada no Espírito Santo, glorifica e suplica a Deus e ao Cordeiro. O texto deste hino não pode ser substituído por outro. Entoado pelo sacerdote ou, se for o caso, pelo cantor ou o grupo de cantores, é cantado por toda a assembleia, ou pelo

---

52. O *Kýrie* é um "canto em que os fiéis aclamam o Senhor e imploram a sua misericórdia". Não é, primordialmente, penitencial, porém tem um tom de súplica, além do de aclamação. Por isso pode ser cantado ou rezado como "parte do ato penitencial", quando, a cada aclamação, se lhe antecede um "tropo", ou seja, uma espécie de "intenção", como "tu que estás sentado à direita do Pai...".

53. É boa a definição que se dá do *Glória*: "Um hino antiquíssimo e venerável, pelo qual a Igreja, congregada no Espírito Santo, glorifica e suplica a Deus Pai e ao Cordeiro".

Explica-se quando e como se canta este "Glória". Na última versão (2002), recorda-se que "o texto deste hino não pode ser mudado por outro". Coisa que também repetirá sobre o texto do *Creio* (n. 67) e do "Cordeiro de Deus" (n. 366).

povo que o alterna com o grupo de cantores ou pelo próprio grupo de cantores. Se não for cantado, deve ser recitado por todos juntos ou por dois coros dialogando entre si.

É cantado ou recitado aos domingos, exceto no tempo do Advento e da Quaresma, nas solenidades e festas e, ainda, em celebrações especiais mais solenes.

Oração coleta

54. A seguir, o sacerdote convida o povo a rezar; todos se conservam em silêncio com o sacerdote por alguns instantes, tomando consciência de que estão na presença de Deus e formulando interiormente os seus pedidos. Depois o sacerdote diz a oração que se costuma chamar "coleta", pela qual se exprime a índole da celebração. Conforme antiga tradição da Igreja, a oração costuma ser dirigida a Deus Pai, por Cristo, no Espírito Santo[57] e por uma conclusão trinitária, isto é, com uma conclusão mais longa, do seguinte modo:

— quando se dirige ao Pai: *Por nosso Senhor Jesus Cristo, vosso Filho, que é Deus, e convosco vive e reina, na unidade do Espírito Santo, por todos os séculos dos séculos;*

[57] Cf. Tertuliano. *Adversus Marcionem*, IV, 9: CCSL 1, p. 560; Orígenes. *Disputatio cum Heracleida*, n. 4, 24: SCh 67, p. 62; *Statuta Concilii Hipponensis Breviata*, 21: CCSL 149, p. 39.

54. Com respeito à *oração coleta*, ademais da detalhada descrição de sua estrutura e variantes, diz-se, também, qual é seu sentido e finalidade:

a) o momento de silêncio deve servir "para se fazer conscientes de estar na presença de Deus e formular, interiormente, suas súplicas";
b) esta oração "expressa a índole da celebração", segundo a festa ou tempo litúrgico que se celebre;
c) "costuma ser dirigida a Deus Pai, por Cristo, no Espírito Santo", e sempre termina "por uma conclusão trinitária, isto é, com uma conclusão mais longa".

Na última versão, foi especificado que na missa "sempre se diz uma única oração coleta", sem acrescentar outras, como se podia fazer antes. O mesmo dirá de outras orações breves, a das oferendas (n. 77) e a depois da comunhão (n. 89).

— quando se dirige ao Pai, mas no fim menciona o Filho: *Ele, que é Deus, e convosco vive e reina, na unidade do Espírito Santo, por todos os séculos dos séculos;*

— quando se dirige ao Filho: *Vós, que sois Deus, e viveis e reinais com o Pai, na unidade do Espírito Santo, por todos os séculos dos séculos.*

O povo, unindo-se à súplica, faz sua oração pela aclamação *Amém*.

Na missa sempre se diz uma única oração coleta.

B) Liturgia da Palavra

55. A parte principal da liturgia da Palavra é constituída pelas leituras da Sagrada Escritura e pelos cantos que ocorrem entre elas, sendo desenvolvida e concluída pela homilia, a profissão de fé e a oração universal ou dos fiéis. Nas leituras explanadas pela homilia, Deus fala ao seu povo,[58] revela o mistério da redenção e da salvação e oferece alimento espiritual; e o próprio Cristo, por sua Palavra, se acha presente no meio dos fiéis.[59] Pelo silêncio e pelos cantos, o povo se apropria dessa Palavra de Deus e a ela adere pela profissão de fé; alimentado por essa Palavra, reza na oração universal pelas necessidades de toda a Igreja e pela salvação do mundo inteiro.

[58] Cf. Concílio Ecumênico Vaticano II. Const. sobre a sagrada liturgia, *Sacrosanctum concilium*, n. 33.

[59] Cf. ibidem, n. 7.

55. Ao descrever, globalmente, a *liturgia da Palavra* (nn. 55-71), são motivados seus diversos elementos. Sobretudo, recorda-se que, nas leituras, "Deus fala a seu povo" e que "o mesmo Cristo, por sua Palavra, faz-se presente no meio dos fiéis", especificando, assim, para este momento, o que se havia dito, em geral, no n. 27 e voltar-se-á a dizer referindo-se ao Evangelho (n. 60).

Ao falar da resposta do povo cristão à Palavra, acrescentou-se, explicitamente, a menção do "silêncio", além dos cantos, da profissão de fé e da oração universal. Tal silêncio será motivado mais no número seguinte, e já havia sido objeto de valorização geral no n. 45.

O silêncio

56. A liturgia da Palavra deve ser celebrada de tal modo que favoreça a meditação; por isso, deve ser de todo evitada qualquer pressa que impeça o recolhimento. Integram-na também breves momentos de silêncio, de acordo com a assembleia reunida, pelos quais, sob a ação do Espírito Santo, se acolhe no coração a Palavra de Deus e se prepara a resposta pela oração. Convém que tais momentos de silêncio sejam observados, por exemplo, antes de se iniciar a própria liturgia da Palavra, após a primeira e a segunda leitura, como também após o término da homilia.[60]

[60] Cf. Missal Romano, Lecionário, Elenco das Leituras da Missa, n. 28

---

56. Este número sobre *o silêncio* na liturgia da Palavra é totalmente novo da terceira edição do Missal. Acrescente-se ao que já havia dito o n. 45 (e que havíamos antecipado na Introdução) sobre o silêncio na celebração em geral. Aqui, pede-se que esta primeira parte da celebração seja feita "de maneira que favoreça a meditação", evitando "toda forma de precipitação que impeça o recolhimento".

A motivação do silêncio é para que, "sob a ação do Espírito Santo, se acolha no coração a Palavra de Deus e se prepare a resposta pela oração".

Os momentos em que aqui se recomenda este silêncio são: antes de começar a primeira leitura, depois de cada leitura e da homilia. Em números sucessivos, recordar-se-á, de novo, esta pedagogia do silêncio. Por exemplo, quando, depois da primeira leitura, diz que "pode-se observar um breve espaço de silêncio, para que todos meditem o que ouviram" (n. 128).

Em OLM 28 fala-se, também, do silêncio nesta parte da missa. Desse número tomou-se, aqui, a conveniência do silêncio "antes de iniciar-se a mesma liturgia da Palavra".

Leituras bíblicas

57. Mediante as leituras é preparada para os fiéis a mesa da Palavra de Deus e abrem-se para eles os tesouros da Bíblia.[61] Por isso, convém observar a disposição das leituras bíblicas pela qual se manifesta a unidade dos dois testamentos e da história da salvação. Não é permitido trocar as leituras e o salmo responsorial, constituídos da Palavra de Deus, por outros textos não bíblicos.[62]

58. Na celebração da missa com povo, as leituras são sempre proferidas do ambão.

[61] Cf. Concílio Ecumênico Vaticano II. Const. sobre a sagrada liturgia, *Sacrosanctum concilium*, n. 51.

[62] Cf. João Paulo II. Carta apostólica *Vicesimus quintus annus,* n. 13, 4 de dezembro de 1988: AAS 81 (1989), p. 910.

57-60. A respeito das *leituras bíblicas,* expressa, antes de tudo, sua motivação: "a mesa da Palavra de Deus" (já lhe havia chamado assim no n. 28), pela qual "se manifesta a unidade dos dois testamentos e da história da salvação".

Apresenta, também, normas concretas, algumas delas novas em relação às edições anteriores:

- (novo) deve-se respeitar a disposição que têm estas leituras no Lecionário; no n. 357 dir-se-á, claramente, que, nos domingos, sejam lidas as três leituras, abolindo a licença que tinham os bispos para suprimir uma delas por razões pastorais;
- (novo) não podem ser substituídas as leituras bíblicas e o salmo por outros textos não bíblicos;
- (novo) as leituras sejam proclamadas sempre do ambão, que é o lugar próprio da Palavra (suprimiu-se a distinção que antes havia sobre o lugar dos leitores ou monitores quando estes ministérios eram realizados por mulheres);
- (novo) em princípio, as leituras não são ministério próprio do que preside a celebração; as anteriores ao Evangelho proclamam-nas os leigos; o Evangelho, o diácono ou outro sacerdote; o que preside só proclama o Evangelho (ou, mesmo, as outras leituras) quando falta o ministro idôneo; não parece muito feliz a distinção que se faz entre

59. Por tradição, o ofício de proferir as leituras não é função presidencial, mas ministerial. As leituras sejam, pois, proclamadas pelo leitor e o Evangelho, porém, seja anunciado pelo diácono ou, na sua ausência, por outro sacerdote. Na falta do diácono ou de outro sacerdote, o próprio sacerdote celebrante proclame o Evangelho; igualmente, na falta de outro leitor idôneo, o sacerdote celebrante proferirá também as demais leituras.

Depois de cada leitura, quem a leu profere a aclamação, e o povo reunido, por sua resposta, presta honra à Palavra de Deus, acolhida com fé e com ânimo agradecido.

60. A proclamação do Evangelho constitui o ponto alto da liturgia da Palavra. A própria liturgia ensina que se lhe deve manifestar a maior veneração, uma vez que a cerca mais do que as outras, de honra especial, tanto por parte do ministro delegado para anunciá-la, que se prepara pela bênção ou oração,

---

"munus praesidentiale et ministeriale", porque também a presidência é ministério.

Do leitor se continuará falando nos nn. 101 e 194-198.

60. O Evangelho seja considerado "a culminação da liturgia da Palavra", por isso leve consigo vários sinais externos de veneração especial: proclama-o um ministro ordenado (depois de pedir a oportuna bênção), escuta-se de pé, rendem-se ao Evangeliário mostras de veneração (beijo, incensação). Para o Evangeliário, cf. o comentário no n. 117. A aclamação que segue o Evangelho é especial também. Já as leituras anteriores são seguidas de uma aclamação ("Palavra do Senhor", "graças a Deus"), com a qual a comunidade "rende homenagem à Palavra de Deus acolhida com fé e gratidão". Porém, com a que segue o Evangelho, Palavra mais explicitamente de Cristo ("Palavra da salvação", "Glória a vós, Senhor"), "os fiéis reconhecem e professam a presença de Cristo que lhes fala.

Na introdução ao Lecionário (OLM 13.17), também se fala, pormenorizadamente, da centralidade do Evangelho na celebração e do modo de tratar o Evangelho.

Havia dúvidas sobre se os fiéis devem fazer o sinal da cruz no começo do Evangelho, porque o Missal anterior não o dizia explicitamente, ainda

como por parte dos fiéis, que pelas aclamações reconhecem e professam que o Cristo está presente e lhes fala, e que ouvem de pé a leitura; ou ainda pelos sinais de veneração prestados ao Evangeliário.

Salmo responsorial

61. À primeira leitura segue-se o salmo responsorial, que é parte integrante da liturgia da Palavra, constituindo-se em grande importância litúrgica e pastoral, por favorecer a meditação da Palavra de Deus.

O salmo responsorial deve responder a cada leitura e normalmente seja tomado do Lecionário.

De preferência, o salmo responsorial será cantado, ao menos no que se refere ao refrão do povo. Assim, o salmista ou cantor do salmo, do ambão ou outro lugar adequado, profere os

---

que tampouco o negasse. Agora diz que sim, que também os fiéis se persignam no Evangelho (n. 134). O sentido do gesto podíamos chamá-lo de "apropriação e personalização": "Que entre em mim o que vou ler, que esse Evangelho tome posse de mim".

61. O *salmo responsorial* tem a finalidade de "favorecer a meditação da Palavra de Deus". Por isso volta a dizer que, em caso de não se poder cantar, "seja recitado do modo mais apto para favorecer a meditação da Palavra de Deus". Tem, portanto, "uma grande importância litúrgica e pastoral". É bom ler o que do salmo responsorial diz a introdução ao Lecionário: OLM 20-22.

As normas que se indicam aqui são:

a) o salmo, geralmente, há de tomá-lo do mesmo Lecionário;
b) se possível, deve ser cantado integralmente, ou, ao menos, a resposta que corresponde ao povo;
c) o salmista pode fazê-lo recitando ou cantando as estrofes, e a cada uma o povo responde com o estribilho, ou melhor, de modo direto, sem intercalar a resposta quando não se canta, porque o intercalar essa resposta sem canto não favorece o clima de meditação que aqui se pede;
d) se não for possível cantar a resposta tal como propõe o Lecionário, pode-se tomar de uma seleção de antífonas segundo o Ano Litúrgico

versículos do salmo, enquanto toda a assembleia escuta sentada, geralmente participando pelo refrão, a não ser que o salmo seja proferido de modo contínuo, isto é, sem refrão. Mas, para que o povo possa mais facilmente recitar o refrão salmódico, foram escolhidos alguns textos de refrões e de salmos para os diversos tempos do ano e as várias categorias de santos, que poderão ser empregados em lugar do texto correspondente à leitura, sempre que o salmo for cantado. Se o salmo não puder ser cantado, seja recitado do modo mais apto para favorecer a meditação da Palavra de Deus.

Em lugar do salmo proposto no Lecionário, pode-se cantar também um responsório gradual do Gradual romano ou um salmo responsorial ou aleluiático do Gradual simples, como se encontram nesses livros.

Aclamação antes da proclamação do Evangelho

62. Após a leitura que antecede imediatamente o Evangelho, canta-se o *Aleluia* ou outro canto estabelecido pelas rubricas, conforme exigir o tempo litúrgico. Tal aclamação constitui um rito ou ação por si mesma, pelo qual a assembleia dos fiéis acolhe o Senhor que lhe vai falar no Evangelho, saúda-o e professa sua fé pelo canto. É cantado por todos, de pé, primeiramente pelo

---

ou festas de santos, ou melhor, das que oferecem o Gradual romano ou o Gradual simples.

62-64. A *aclamação antes do Evangelho*, normalmente o Aleluia, tem a finalidade de mostrar que "a assembleia dos fiéis acolhe o Senhor que lhe vai falar no Evangelho, saúda-o e professa sua fé pelo canto".

Oferecem-se, aqui, normas concretas para sua realização. Por exemplo, "Todos cantam de pé", porque já pertence ao Evangelho, que se vai escutar de pé. Indica-se como se canta a aclamação ou versículo oportuno quando, como em tempo de Quaresma, não se diz o *Aleluia*. Também se diz que, "se não se cantam, o *Aleluia* ou o verso antes do Evangelho podem ser omitidos". Talvez fosse bom reservar o *Aleluia* para as celebrações de domingos e de festas.

grupo de cantores ou cantor, sendo repetido, se for o caso; o versículo, porém, é cantado pelo grupo de cantores ou cantor.

a) O *Aleluia* é cantado em todo o tempo, exceto na Quaresma. Os versículos são tomados do Lecionário ou do Gradual.

b) No tempo da Quaresma, no lugar do *Aleluia*, canta-se o versículo antes do Evangelho proposto no Lecionário. Pode-se cantar também um segundo salmo ou trato, como se encontra no Gradual.

63. Havendo apenas uma leitura antes do Evangelho:

a) no tempo em que se diz o *Aleluia*, pode haver um salmo aleluiático, ou um salmo e o *Aleluia* com seu versículo;

b) no tempo em que não se diz o *Aleluia*, pode haver ou um salmo e o versículo antes do Evangelho ou somente o salmo;

c) o *Aleluia* ou o versículo antes do Evangelho podem ser omitidos quando não são cantados.

64. A *sequência* que, exceto nos dias da Páscoa e de Pentecostes, é facultativa, canta-se antes do *Aleluia*.

A respeito da *sequência* que precede também, às vezes, o Evangelho, afirma-se, antes de tudo, que, "exceto nos dias da Páscoa e de Pentecostes, é facultativa". Quanto à sua situação no conjunto do rito, tem havido, nos últimos anos, uma certa hesitação: na segunda edição típica de 1975, colocava-se essa sequência antes do *Aleluia*; a versão do ano 2000 diz que se canta depois do *Aleluia*, a qual supunha que se cantava de pé. Porém, na definitiva de 2002, voltou-se a situar a sequência "antes do *Aleluia*", portanto, ainda sentados.

65-66. Da *homilia* diz-se que "é parte da liturgia": afirmou-o, claramente, SC, n. 52, o que foi sendo repetido, depois, por vários documentos eclesiais. Recordemos que, antes do Concílio, se considerava mais ou menos como um parênteses. Nas rubricas publicadas em 1960, muito pouco antes do Concílio, considerava-se muito útil a homilia, porém não se devia "sobrepor à celebração da missa, impedindo, assim, a participação dos

Homilia

65. A *homilia* é parte da liturgia e vivamente recomendada,[63] sendo indispensável para nutrir a vida cristã. Convém que seja uma explicação de algum aspecto das leituras da Sagrada Escritura ou de outro texto do Ordinário ou do Próprio da missa do dia, levando em conta tanto o Mistério celebrado como as necessidades particulares dos ouvintes.[64]

66. A *homilia*, via de regra, é proferida pelo próprio sacerdote celebrante, ou é por ele delegada a um sacerdote concelebrante, ou, ocasionalmente, a um diácono; nunca, porém, a um leigo.[65] Em casos especiais e por motivo razoável, a homilia também pode ser feita pelo bispo ou presbítero que participa da celebração, sem que possa concelebrar.

[63] Cf. Conc. Ecum. Vat. II. Const. sobre a sagrada liturgia, *Sacrosanctum concilium*, n. 52; cf. CIC, cân. 767, § 1.

[64] Cf. S. Congr. dos Ritos. Instr. *Inter oecumenici,* n. 54, 26 de setembro de 1964: AAS 56 (1964), p. 890.

[65] Cf. CIC, cân. 767, § 1; Pont. Comis. para a Interpretação Autêntica do Direito Canônico. *Resposta à dúvida acerca do cân. 767 § 1*: AAS 79 (1987), p. 1249; Instr. acerca de algumas questões sobre a colaboração dos fiéis leigos no sagrado ministério dos sacerdotes, *Ecclesiae de mysterio*, de 15 de agosto de 1997, art. 3: AAS 89 (1997), p. 864.

---

fiéis", mas devia-se "suspender a celebração da missa e não recomeçá-la até terminada a homilia" (n. 474).

Aqui, recomenda-se muito, pois é "necessária para alimentar a vida cristã". Descreve-se sua identidade afirmando que é "uma explicação de algum aspecto particular das leituras da Sagrada Escritura", ainda que também pode comentar algum outro texto do Ordinário ou do Próprio da missa do dia. No n. 55, havia dito, sensivelmente, que a homilia "explica as leituras". O n. 67 repete que a homilia "expõe" o que foi anunciado nas leituras. Isso sim: a homilia sempre "leva em conta tanto o mistério celebrado como as necessidades particulares dos ouvintes".

No primeiro parágrafo do n. 66, que é novo (tomado do Código), diz quem tem de pronunciar a homilia: "Via de regra, é proferida pelo próprio sacerdote celebrante". É o mais lógico: o que representa a Cristo mestre na

Aos domingos e festas de preceito haja *homilia*, não podendo ser omitida a não ser por motivo grave, em todas as missas celebradas com participação do povo; também é recomendada nos outros dias, sobretudo nos dias de semana do Advento, Quaresma e Tempo Pascal, como ainda em outras festas e ocasiões em que o povo acorre à igreja em maior número.[66]

Após a homilia, convém observar um breve tempo de silêncio.

66 Cf. S. Congr. dos Ritos. Instr. *Inter oecumenici*, n. 53, 26 de setembro de 1964: AAS 56 (1964), p. 890.

primeira parte da celebração (e a Cristo sacerdote na segunda) é quem dirige sua Palavra à comunidade. Também pode encarregar-se, ainda que não seja o normal, a um sacerdote concelebrante, e também, "ocasionalmente, ao diácono". Porém, "nunca a um fiel leigo"; sublinha-se, portanto, o papel do ministro ordenado como representante de Cristo, nesta ocasião, de Cristo mestre. Menos frequente parece a última possibilidade que se deixa: que digam a homilia um bispo ou um sacerdote que não concelebram, ainda que assistam à celebração (repete-o o n. 92).

A obrigatoriedade da homilia é afirmada para os domingos e festas de preceito, "não podendo ser omitida a não ser por motivo grave". Nos dias feriais, "recomenda-se" para os tempos fortes (também para as férias do Natal, ainda que não as nomeie) e para "outras festas e ocasiões em que o povo acorre à igreja em maior número".

Termina o n. 66 com uma advertência nova da última edição: "Após a homilia, convém observar um breve tempo de silêncio", segundo a finalidade que havia descrito nos nn. 45 e 56.

A introdução ao Lecionário trata, mais detidamente, da homilia na missa: OLM 24-27.

67-68. O *Creio* ou profissão de fé "tem por objetivo levar todo o povo reunido a responder à Palavra de Deus", que foi "explicada pela homilia" também. Serve, também (acrescenta a última versão), para a comunidade "recordar e professar os grandes mistérios da fé" (antes se falava das "normas da fé") e os confessar antes de iniciar sua celebração na Eucaristia

Profissão de fé

67. O símbolo ou profissão de fé tem por objetivo levar todo o povo reunido a responder à Palavra de Deus anunciada da Sagrada Escritura e explicada pela homilia, bem como, proclamando a regra da fé através de fórmula aprovada para o uso litúrgico, recordar e professar os grandes mistérios da fé, antes de iniciar sua celebração na Eucaristia.

68. O *símbolo* deve ser cantado ou recitado pelo sacerdote com o povo aos domingos e solenidades; pode-se também dizer em celebrações especiais de caráter mais solene.

Quando cantado, é entoado pelo sacerdote ou, se for oportuno, pelo cantor ou pelo grupo de cantores; é cantado por todo o povo junto, ou pelo povo alternando com o grupo de cantores. Se não for cantado, será recitado por todos juntos ou por dois coros alternando entre si.

(seria melhor dizer: "antes de começar a parte sacramental da Eucaristia", porque o anterior já era "celebração eucarística").

São oferecidas normas concretas para a sua realização e também se recorda que esse *Creio* se há de dizer "com a fórmula aprovada para o uso litúrgico". No Missal, são oferecidas a fórmula longa, a niceno-constantinopolitana e, agora, também a breve, chamada "símbolo dos apóstolos", que já se havia incorporado a algumas edições do Missal em línguas vivas e que já se inclui na edição latina. Provém quiça do século III em Roma e agora se recomenda sua recitação nos tempos de Quaresma e Páscoa, quando se desdobra o período catecumenal. Também é litúrgica a fórmula dialogada, da vigília pascal e da celebração batismal.

69-71. A *oração universal*, que foi restaurada pelo Concílio (SC, n. 53), conclui a primeira parte da celebração, a liturgia da Palavra.

Descreve-se, aqui, sua identidade e sua finalidade teológica e espiritual:

a) com ela, "o povo responde, de certo modo, à Palavra de Deus acolhida na fé";

Oração universal

69. Na oração universal ou oração dos fiéis, o povo responde de certo modo à Palavra de Deus acolhida na fé e, exercendo a sua função sacerdotal, eleva preces a Deus pela salvação de todos. Convém que, normalmente, se faça esta oração nas missas com o povo, de tal sorte que se reze pela Santa Igreja, pelos governantes, pelos que sofrem necessidades, por todos os seres humanos e pela salvação do mundo inteiro.[67]

70. Normalmente serão estas as séries de intenções:

a) pelas necessidades da Igreja;

b) pelos poderes públicos e pela salvação de todo o mundo;

c) pelos que sofrem qualquer dificuldade;

d) pela comunidade local.

No entanto, em alguma celebração especial, tal como Confirmação, Matrimônio, Exéquias, as intenções podem referir-se mais estreitamente a tais circunstâncias.

[67] Cf. Concílio Ecumênico Vaticano II. Const. sobre a sagrada liturgia, *Sacrosanctum concilium*, n. 53.

b) o povo "exerce seu sacerdócio batismal" (suprimiu-se a palavra "múnus" que havia antes) e, como tais sacerdotes ou mediadores, "eleva preces a Deus pela salvação de todos";

c) esses pedidos, normalmente, referem-se à "Santa Igreja, aos governantes, aos que sofrem necessidades, aos seres humanos e à salvação do mundo inteiro".

As normas com que se regula sua realização são:

a) esta oração tem de ser feita, "normalmente, nas missas com o povo";

b) suas intenções vão na ordem que se indica no n. 70, ainda que haja ocasiões em que esta ordem admita flexibilidade;

c) no n. 71, quase totalmente novo, descreve-se o modo de realizar esta oração, sob a direção do sacerdote, que, desde a sua cadeira, diz um convite inicial e a oração conclusiva; outra pessoa (diácono, cantor, leitor, ou um fiel leigo) diz as intenções;

71. Cabe ao sacerdote celebrante, da cadeira, dirigir a oração. Ele a introduz com breve exortação, convidando os fiéis a rezarem e depois a conclui. As intenções propostas sejam sóbrias, compostas de sábia liberdade e breves palavras e expressem a oração de toda a comunidade.

Normalmente, as intenções são proferidas, do ambão ou de outro lugar apropriado, pelo diácono, pelo cantor, pelo leitor ou por um fiel leigo.[68]

O povo, de pé, exprime a sua súplica, seja por uma invocação comum após as intenções proferidas, seja por uma oração em silêncio.

[68] Cf. S. Congr. dos Ritos. Instr. *Inter oecumenici*, n. 56, 26 de setembro de 1964: AAS 56 (1964), p. 890.

---

d) o povo, de pé (é oração sacerdotal!), responde com a invocação marcada para cada intenção, ou também rezando em silêncio (este último parágrafo do n. 71 havia desaparecido na versão de 2000 e voltou a aparecer na definitiva);

e) as intenções, pede-se que sejam sóbrias, compostas de uma sábia liberdade e em poucas palavras, e que expressem a súplica de toda a comunidade, evitando, portanto, intenções muito particulares.

Para o sacerdote, o lugar onde se realiza esta oração é a cadeira (toda a primeira parte da Eucaristia ele a preside em sua cadeira); para quem pronuncia as intenções, "o ambão ou outro lugar conveniente". Como se quer que o ambão, em princípio, deva estar reservado para o anúncio da Palavra (cf. n. 309), seria melhor utilizar esse "outro lugar conveniente" para tais intenções. Ou seja, "pode-se" usar o ambão para propô-las (di-lo, também, o n. 309), porém seria melhor reservar o ambão para o que Deus nos diz, não tanto para o que nós dizemos a ele.

72. Descreve-se a estrutura geral da *liturgia eucarística*, a segunda parte da celebração.

No primeiro parágrafo, oferece-se uma definição teológica deste sacramento: a Eucaristia é o memorial do que fez Jesus, "o sacrifício e a ceia pascal, que tornam continuamente presente na Igreja o sacrifício da cruz". Afirma-se, portanto, a dupla perspectiva do sacrifício e da ceia que tem a

C) Liturgia eucarística

72. Na última ceia, Cristo institui o sacrifício e as ceias pascais, que tornam continuamente presente na Igreja o sacrifício da cruz, quando o sacerdote, representante do Cristo Senhor, realiza aquilo mesmo que o Senhor fez e entregou aos discípulos para que o fizessem em sua memória.[69]

Cristo, na verdade, tomou o pão e o cálice, deu graças, partiu o pão e deu-o a seus discípulos dizendo: "Tomai, comei, bebei; isto é o meu corpo; este é o cálice do meu sangue. Fazei isto em memória de mim". Por isso a Igreja dispôs toda a celebração da liturgia eucarística em partes que correspondem às palavras e gestos de Cristo. De fato:

a) na preparação dos dons levam-se ao altar o pão e o vinho com água, isto é, aqueles elementos que Cristo tomou em suas mãos;

[69] Cf. Concílio Ecumênico Vaticano II. Const. sobre a sagrada liturgia, *Sacrosanctum concilium*, n. 47; S. Congr. dos Ritos. Instr. *Eucharisticum mysterium*, n. 3a, b, 25 de maio de 1967: AAS 59 (1967), pp. 540-541.

Eucaristia. Afirma-se, também, que quem realiza as vezes de Cristo Jesus é o sacerdote, no meio da comunidade.

As quatro ações de Cristo correspondem, segundo este número, às quatro partes da celebração eucarística. Cristo a) tomou o pão e o cálice, b) deu graças, c) partiu-o d) e deu-o a seus discípulos. Agora, a comunidade a) prepara o pão e o vinho no ofertório, b) na oração eucarística dá graças a Deus, c) logo parte-se o pão d) e convida-se à comunhão.

Da fração do pão, de que se voltará a falar mais detidamente nos nn. 83 e 321, diz-se, aqui (com uma formulação em parte nova), qual é seu sentido simbólico: "Os fiéis, embora muitos, recebem o corpo e o sangue do Senhor de um só pão e de um só cálice".

b) na oração eucarística rendem-se graças a Deus por toda a obra da salvação e as oferendas tornam-se corpo e sangue de Cristo;
c) pela fração do pão e pela comunhão, os fiéis, embora muitos, recebem o corpo e o sangue do Senhor de um só pão e de um só cálice, do mesmo modo como os apóstolos, das mãos do próprio Cristo.

Preparação dos dons

73. No início da liturgia eucarística são levadas ao altar as oferendas que se converterão no corpo e sangue de Cristo.

Primeiramente, prepara-se o altar ou mesa do Senhor, que é o centro de toda a liturgia eucarística,[70] colocando-se nele o corporal, o sanguinho, o Missal e o cálice, a não ser que este esteja preparado na credência.

A seguir, trazem-se as oferendas. É louvável que os fiéis apresentem o pão e o vinho que o sacerdote ou o diácono

[70] Cf. S. Congr. dos Ritos. Instr. *Inter oecumenici*, n. 91, 26 de setembro de 1964: AAS 56 (1964), p. 898; Instr. *Eucharisticum mysterium*, n. 24, 25 de maio de 1967: AAS 59 (1967), p. 554.

73-77. A *preparação dos dons*, ou seja, toda a parte do ofertório, é descrita como o momento em que "são levadas ao altar as oferendas que se converterão no corpo e sangue de Cristo", que até agora haviam estado na credência. Também, "prepara-se o altar ou mesa do Senhor, que é o centro de toda a liturgia eucarística".

Algumas indicações particulares:

- "é louvável que os fiéis apresentem o pão e o vinho", rito "que conserva a mesma força e significado espiritual", ainda que não continue o antigo costume de que "tragam de casa, como outrora, o pão e o vinho destinados à liturgia";
- recebem estes dons o sacerdote ou o diácono, que levarão ao altar o pão e o vinho;

recebem em lugar adequado para serem levados ao altar. Embora os fiéis já não tragam de casa, como outrora, o pão e o vinho destinados à liturgia, o rito de levá-los ao altar conserva a mesma força e significado espirituais.

Também são recebidos o dinheiro ou outros donativos oferecidos pelos fiéis para os pobres ou para a igreja, ou recolhidos no recinto dela; serão, no entanto, colocados em lugar conveniente, fora da mesa eucarística.

74. O canto do ofertório acompanha a procissão das oferendas (cf. n. 37, b) e se prolonga pelo menos até que os dons tenham sido colocados sobre o altar. As normas relativas ao modo de cantar são as mesmas que para o canto da entrada (cf. n. 48). O canto pode sempre fazer parte dos ritos das oferendas, mesmo sem a procissão dos dons.

75. O pão e o vinho são depositados sobre o altar pelo sacerdote, proferindo as fórmulas estabelecidas; o sacerdote pode incensar as oferendas colocadas sobre o altar e, em seguida,

---

- também se pode "receber o dinheiro ou outros donativos oferecidos pelos fiéis para os pobres ou para a igreja", os quais são colocados não no altar, mas em "lugar conveniente";
- em dias mais solenes, pode-se incensar as oferendas que estão sobre o altar, e logo a cruz e o mesmo altar, "para simbolizar que a oferta da Igreja e sua oração sobem, qual incenso, à presença de Deus"; incensa-se, também, "o sacerdote, por causa do ministério sagrado, e o povo, em razão da dignidade batismal";
- todo este processo pode ser acompanhado de um oportuno canto ofertorial; uma novidade da última versão (2002) é a afirmação de que este canto pode ser cantado sempre, "até sem a procissão dos dons". Por isso, no n. 139, suprimiu-se o inciso que afirmava que este canto tem lugar "se se faz a procissão dos dons".

O lavabo das mãos do sacerdote (n. 76), que se faz "no extremo do altar" (novo), tem um sentido simbólico e não tanto prático, "exprimindo, por

a cruz e o próprio altar, para simbolizar que a oferta da Igreja e sua oração sobem, qual incenso, à presença de Deus. Em seguida, também o sacerdote, por causa do ministério sagrado, e o povo, em razão da dignidade batismal, podem ser incensados pelo diácono ou por outro ministro.

76. Em seguida, o sacerdote lava as mãos, ao lado do altar, exprimindo por esse rito o seu desejo de purificação interior.

Oração sobre as oferendas

77. Depositadas as oferendas sobre o altar e terminados os ritos que as acompanham, conclui-se a preparação dos dons e prepara-se a oração eucarística com o convite aos fiéis a rezarem com o sacerdote, e com a oração sobre as oferendas.

Na missa se diz uma só oração sobre as oferendas, que termina com a conclusão mais breve, isto é: *Por Cristo, nosso Senhor*; se, no fim, se fizer menção ao Filho, a conclusão será: *(Ele) Que vive e reina pelos séculos dos séculos*.

O povo, unindo-se à oração, a faz sua pela aclamação *Amém*.

---

esse rito, o seu desejo de purificação interior". Desde as primeira notícias que temos da introdução deste lavatório das mãos na celebração (século IV, em Jerusalém, com as Catequeses de São Cirilo), afirmava-se que não se devia a que tivessem as mãos sujas, mas a que as mãos são o símbolo da lida humana, e os sacerdotes (então se falava, no plural, de todos os concelebrantes) necessitam pureza interior para representar a Cristo nesta segunda parte da Eucaristia.

Todo o rito das ofertas conclui com a "oração sobre as oferendas", que expressa nosso pedido a Deus sobre o futuro próximo dos dons que trouxemos ao altar, e assim preparamos, imediatamente, a oração eucarística. Como se disse da oração coleta e como, depois, se falará, também, da pós-comunhão, "na missa diz-se uma só oração sobre as oferendas".

78-79. A *oração eucarística* é o "centro e ápice de toda a celebração", uma "oração de ação de graças e de consagração", uma oração que o

Oração eucarística

78. Inicia-se agora a oração eucarística, centro e ápice de toda a celebração, prece de ação de graças e santificação. O sacerdote convida o povo a elevar os corações ao Senhor na oração e ação de graças e o associa à prece que dirige a Deus Pai, por Cristo, no Espírito Santo, em nome de toda a comunidade. O sentido desta oração é que toda a assembleia se una com Cristo na proclamação das maravilhas de Deus e na oblação do sacrifício. A oração eucarística exige que todos a ouçam respeitosamente e em silêncio.

79. Podem distinguir-se do seguinte modo os principais elementos que compõem a oração eucarística:

a) a ação de graças (expressa principalmente no Prefácio) em que o sacerdote, em nome de todo o povo santo, glorifica a Deus e lhe rende graças por toda a obra da salvação ou por um dos seus aspectos, de acordo com o dia, a festa ou o tempo;

b) a aclamação pela qual toda a assembleia, unindo-se aos coros celestes, canta o *Santo*. Esta aclamação, parte da própria oração eucarística, é proferida por todo o povo com o sacerdote;

---

sacerdote, convidando o povo a associar-se a ele, "dirige a Deus Pai, por Cristo, no Espírito Santo, em nome de toda a comunidade". Insiste-se que o "sentido desta oração é que toda a assembleia se una com Cristo na proclamação das maravilhas de Deus e na oblação do sacrifício. A oração eucarística exige que todos a ouçam respeitosamente e em silêncio" (n. 78: novo de 2002).

A estrutura interna desta oração é descrita, detidamente, no n. 79. A ação de graças ao Pai vai rubricada com a aclamação do *Sanctus*. A dupla invocação do Espírito (epiclese) é descrita unida, ainda que, de fato, em nossa liturgia romana, o pedido sobre os dons seja feito antes da consagração, e a que se refere à comunidade, depois. Em quase todas as

c) a epiclese, na qual a Igreja implora, por meio de invocações especiais, a força do Espírito Santo para que os dons oferecidos pelo ser humano sejam consagrados, isto é, se tornem o corpo e sangue de Cristo, e que a hóstia imaculada se torne a salvação daqueles que vão recebê-la em comunhão;
d) a narrativa da instituição e a consagração, quando pelas palavras e ações de Cristo se realiza o sacrifício que ele instituiu na última ceia, ao oferecer o seu corpo e sangue sob as espécies de pão e vinho, e os deu a comer e a beber aos apóstolos, dando-lhes a ordem de perpetuar este mistério;
e) a anamnese, pela qual, cumprindo a ordem recebida do Cristo Senhor por intermédio dos apóstolos, a Igreja faz a memória do próprio Cristo, relembrando principalmente a sua bem-aventurada Paixão, a gloriosa ressurreição e a ascensão aos céus;
f) a oblação, pela qual a Igreja, em particular a assembleia atualmente reunida, realizando esta memória, oferece ao Pai, no Espírito Santo, a hóstia imaculada; ela deseja, porém, que os fiéis não apenas ofereçam a hóstia imaculada como também aprendam a oferecer a si próprios[71] e se aperfeiçoem, cada vez mais, pela mediação do Cristo, na união com Deus e com o próximo, para que finalmente Deus seja tudo em todos;[72]

[71] Cf. Concílio Ecumênico Vaticano II. Const. sobre a sagrada liturgia, *Sacrosanctum concilium*, n. 48; S. Congr. dos Ritos. Instr. *Eucharisticum mysterium*, n. 12, 25 de maio de 1967: AAS 59 (1967), pp. 548-549.

[72] Cf. Concílio Ecumênico Vaticano II. Const. sobre a sagrada, liturgia *Sacrosanctum concilium*, n. 48; Decr. sobre o ministério e a vida dos presbíteros, *Presbyterorum ordinis*, n. 5; S. Congr. dos Ritos. Instr. *Eucharisticum mysterium*, n. 12, 25 de maio de 1967: AAS 59 (1967), pp. 548-549.

liturgias orientais, e na hispânica, as duas invocações vão unidas depois da consagração. Especifica-se mais concretamente o protagonismo do Espírito: onde antes se dizia que o sacerdote invocava a força divina ("virtutem divinam implorat"), agora se diz, expressamente, que invoca a força do Espírito ("Spiritus Sancti virtutem implorat"). Depois do relato da instituição, a comunidade oferece a Deus o sacrifício de Cristo,

g) as intercessões, pelas quais se exprime que a Eucaristia é celebrada em comunhão com toda a Igreja, tanto celeste como terrestre, e que a oblação é feita por ela e por todos os seus membros vivos e defuntos, que foram chamados a participar da redenção e da salvação obtidas pelo corpo e sangue de Cristo;
h) a doxologia final, que exprime a glorificação de Deus e é confirmada e concluída pela aclamação *Amém* do povo.

Ritos da comunhão

80. Sendo a celebração eucarística a ceia pascal, convém que, segundo a ordem do Senhor, o seu corpo e sangue sejam recebidos como alimento espiritual pelos fiéis devidamente preparados. Esta é a finalidade da fração do pão e dos outros ritos preparatórios, pelos quais os fiéis são imediatamente encaminhados à comunhão.

A oração do Senhor

81. Na oração do Senhor pede-se o pão de cada dia, que lembra para os cristãos, antes de tudo, o pão eucarístico, e pede-se a purificação dos pecados, a fim de que as coisas santas

---

além de oferecer-se ela mesma para todos, "na união com Deus e com o próximo, para que finalmente Deus seja tudo em todos". As intercessões em união com toda a Igreja, celeste e terrena, dão passagem à doxologia final e ao *Amém* de toda a comunidade.

Da oração eucarística volta-se a falar nos nn. 147.364s etc.

80. O *rito da comunhão* é o ponto de referência de toda a celebração: tudo nela tende a que os fiéis cheguem à comunhão com o Senhor "devidamente dispostos". É o que pretendem, de modo especial, os três momentos de preparação imediata: o pai-nosso, o gesto de paz e a ação simbólica da fração do pão.

81. O *pai-nosso*, a oração que nos ensinou o Senhor, pode ter várias motivações para sua situação aqui, imediatamente antes da comunhão.

Aqui, ressalta-se que, nela, "pede-se o pão de cada dia, que lembra para os cristãos, antes de tudo, o pão eucarístico", além, naturalmente, de seu

sejam verdadeiramente dadas aos santos. O sacerdote profere o convite, todos os fiéis recitam a oração com o sacerdote, e o sacerdote acrescenta sozinho o embolismo, que o povo encerra com a doxologia. Desenvolvendo o último pedido do pai-nosso, o embolismo suplica que toda a comunidade dos fiéis seja libertada do poder do mal.

O convite, a própria oração, o embolismo e a doxologia com que o povo encerra o rito são cantados ou proferidos em voz alta.

Rito da paz

82. Segue-se o rito da paz, no qual a Igreja implora a paz e a unidade para si mesma e para toda a família humana e os fiéis exprimem entre si a comunhão eclesial e a mútua caridade, antes de comungar do sacramento.

---

sentido original, que é o pão de nossa subsistência diária. Na última versão, acrescentou-se o termo "principalmente" ("praecipue": antes citava "etiam"); na exegese evangélica, não parece que seja essa a intenção principal desse "pão" que pedimos, porém, talvez, no contexto da preparação à comunhão, possa-se considerar assim.

Ademais, afirma-se que com o pai-nosso "pede-se a purificação dos pecados, a fim de que as coisas santas sejam verdadeiramente dadas aos santos". Também o "embolismo" ("livrai-nos, Senhor, de todos os males") "suplica que toda a comunidade dos fiéis seja libertada do poder do mal". A citação bíblica sobre "sancta sanctis" foi conservada na liturgia bizantina e na hispânica. Também se poderia apontar um outro sentido evidente do pai-nosso como preparação à comunhão: ao pedir a Deus que nos perdoe "como nós perdoamos", expressamos nossa atitude de reconciliação fraterna, antes de participar, juntos, na mesa do Senhor.

82. O *rito da paz* prepara-nos, também, para a comunhão, pedindo "a paz e a unidade para si mesma e para toda a família humana", e expressando "a comunhão eclesial e a mútua caridade, antes de comungar do sacramento".

Manteve este gesto aqui, antes da comunhão, e não no espaço imediatamente seguinte à liturgia da Palavra, como se faz nas liturgias orientais

Quanto ao próprio sinal de transmissão da paz, seja estabelecido pelas conferências dos bispos, de acordo com a índole e os costumes dos povos, o modo de realizá-lo.* Convém, no entanto, que cada qual expresse a paz de maneira sóbria apenas aos que lhe estão mais próximos.

Fração do pão

83. O sacerdote parte os pães eucarísticos, ajudado, se for o caso, pelo diácono ou um concelebrante. O gesto da fração realizado por Cristo na última ceia, que no tempo apostólico deu o nome a toda a ação eucarística, significa que muitos fiéis, pela comunhão no único pão da vida, que é o Cristo, morto e

* A CNBB, na XI Assembleia Geral de 1970, decidiu que "o rito da paz seja realizado por cumprimento entre as pessoas do modo com que as mesmas se cumprimentam entre si em qualquer lugar público".

---

e se pedia, por parte de alguns, também para a nossa. Vamos comungar todos juntos e não podemos acudir à mesa de Cristo se não estivermos com disposição de ânimo para comungar o irmão.

Sobre o modo de realizar este gesto, deixa-se às "conferências dos bispos" que estabeleçam, "de acordo com a índole e os costumes dos povos, o modo de realizá-lo". No n. 154, concretiza-se mais este modo do gesto de paz, sempre "segundo haja estabelecido a conferência dos bispos", e propõe-se, também, como facultativo, um "diálogo" entre os que se dão a paz.

Porém, ao mesmo tempo que se dá esse critério de adaptação cultural por parte dos episcopados, é dito que o gesto de paz deve ser discreto e sóbrio: há de fazê-lo "apenas aos que lhe estão mais próximos". Um gesto "simbólico" não esgota o discurso. Também ao sacerdote se diz, no n. 154, que dê a paz aos ministros que estão no presbitério sem sair dele. Permanece a dúvida de como se pode compaginar esta "relativização" do gesto de paz, que se vê necessária, algumas vezes, para evitar exagerações, com a margem de inculturação dada aos bispos, se é que em alguns lugares o "ingenium" ou as "mores populorum" pedem maior ampliação e expressividade deste gesto.

ressuscitado pela salvação do mundo, formam um só corpo (1Cor 10,17). A fração se inicia terminada a transmissão da paz e é realizada com a devida reverência, contudo, de modo que não se prolongue desnecessariamente nem seja considerada de excessiva importância. Este rito é reservado ao sacerdote e ao diácono.

O sacerdote faz a fração do pão e coloca uma parte da hóstia no cálice, para significar a unidade do corpo e do sangue do

---

83. A *fração do pão* não é um mero gesto prático, mas simbólico, "o gesto realizado por Cristo na última ceia e que nos tempos apostólicos foi o que serviu para denominar a íntegra ação eucarística". Este gesto "significa que muitos fiéis, pela comunhão no único pão da vida, que é o Cristo, morto e ressuscitado pela salvação do mundo, formam um só corpo". Não se sugere tanto um possível sentido "sacrificial" (pão partido, corpo torturado e imolado), ainda que o canto do *Cordeiro de Deus*, sim, inclua essa entrega sacrificial de Cristo, mas o sentido de "fraternidade", na mesma linha do pai-nosso e do gesto da paz. O mesmo faz o n. 321, quando assinala que esta fração "manifestará mais claramente o valor e a importância do sinal da unidade de todos num só pão, e da caridade fraterna pelo fato de um único pão ser repartido entre os irmãos". Cf., também, o que se disse no n. 72. Porém, além da direção fraterna, o n. 83 põe, em maior relevo do que nas edições anteriores, a direção cristológica do gesto: esse pão que se parte e se comparte é Cristo: "Ex uno pane vitae qui est Christus pro mundi salute mortuus et resurgens".

Há normas concretas para a sua realização:

a) a fração, fá-la o sacerdote, com a ajuda de um concelebrante ou do diácono (só essas pessoas; portanto, ficam excluídos os ministros extraordinários da comunhão);
b) a fração inicia-se só depois de haver-se concluído o gesto da paz (que, por outra parte, não tem por que ser longo), para que se destaque o significado próprio que tem o gesto;
c) a fração deve ser feita "com a devida reverência";

Senhor na obra da salvação, ou seja, do corpo vivente e glorioso de Cristo Jesus. O grupo dos cantores ou o cantor ordinariamente canta ou, ao menos, diz em voz alta a súplica *Cordeiro de Deus*, à qual o povo responde. A invocação acompanha a fração do pão; por isso, pode-se repetir quantas vezes for necessário até o final do rito. A última vez conclui-se com as palavras *dai-nos a paz.*

---

d) indica-se (é novo o matiz) que não "se prolongue desnecessariamente, nem seja considerada de excessiva importância" ("immoderato momento aestimetur"): porém, no geral, parece que o defeito não é o de exagerar a importância e a duração deste gesto, senão o contrário, fazê-lo com uma expressividade mínima; há de recordar que é um dos gestos que fez Jesus em sua última ceia e que tem um simbolismo muito notável: as hóstias pequenas, as partículas (que começaram a usar para os poucos que comungavam no século XIII) têm menos significação simbólica; está correto que se aconselhe um gesto sem teatralidade, porém, talvez, o que se poderia fazer seria convidar a realizar tal gesto expressiva e visivelmente;

e) durante a fração, canta-se o *Cordeiro de Deus*, que, a princípio, está pensado para ser feito de forma "litânica": o coro ou um cantor (portanto, não o sacerdote) canta as invocações, aquelas que a comunidade vai respondendo cada vez; esse canto "pode ser repetido quantas vezes for necessário até o final do rito" (o que supõe que deveria ser prolongado, certamente mais do que dura o mero partir a hóstia grande do sacerdote); tal canto, dirá o n. 366, não pode ser trocado por outro canto de paz: é um dos cantos estabelecidos no Ordinário da Missa, como o *Glória* (n. 53) e o *Creio* (n. 67).

Uma novidade da versão de 2002 é que explica o sentido da *immixtio*, ou seja, da mistura de uma partícula do pão consagrado no cálice, um gesto antiquíssimo que está presente em todas as liturgias e que agora se explica, coisa que não se havia feito até agora. Dentre os vários sentidos a que haviam chegado os estudiosos da história, o Missal preferiu o de que a

Comunhão

84. O sacerdote prepara-se por uma oração em silêncio para receber frutuosamente o corpo e sangue de Cristo. Os fiéis fazem o mesmo, rezando em silêncio.

A seguir, o sacerdote mostra aos fiéis o pão eucarístico sobre a patena ou sobre o cálice e convida-os ao banquete de Cristo; e, unindo-se aos fiéis, faz um ato de humildade, usando as palavras prescritas do Evangelho.

85. É muito recomendável que os fiéis, como também o próprio sacerdote é obrigado a fazer, recebam o corpo do Senhor em hóstias consagradas na própria missa e participem do cálice nos casos previstos (cf. n. 283), para que, também através dos sinais, a comunhão se manifeste, mais claramente, como participação no sacrifício celebrado.[73]

[73] Cf. S. Congr. dos Ritos. Instr. *Eucharisticum mysterium*, nn. 31-32, 25 de maio de 1967: AAS 59 (1967), pp. 558-559; S. Congr. para a Disciplina dos Sacramentos. Instr. *Immensae caritatis*, n. 2, 29 de janeiro de 1973: AAS 65 (1973), pp. 267-268.

---

mistura é feita "para significar a unidade do corpo e do sangue do Senhor na obra da salvação, ou seja, do corpo vivente e glorioso de Cristo Jesus".

84-89. O *rito de comunhão* está pensado para ajudar a que todos possam "receber com fruto o corpo e o sangue de Cristo", participando do "banquete de Cristo" (n. 84). A isso visa já o momento de oração em segredo do sacerdote e também dos fiéis, assim como o ato de humildade que todos fazem, repetindo as palavras do centurião do Evangelho: "Não sou digno...".

É interessante a insistência com que a nova edição do Missal recomenda ("valde optandum est") que não só o sacerdote como também os fiéis "recebam o corpo do Senhor em hóstias consagradas na mesma missa e participem do cálice nos casos previstos", o que ajuda a serem conscientes de que "por meio dos sinais, a comunhão manifeste-se, mais claramente, como participação no sacrifício celebrado atualmente" (n. 85). Volta a dizê-lo no n. 157. Já desde a *Mediator Dei*, de Pio XII, em 1947, está-se

86. Enquanto o sacerdote recebe o sacramento, entoa-se o canto da comunhão que exprime, pela unidade das vozes, a união espiritual dos comungantes, demonstra a alegria dos corações e realça mais a índole "comunitária" da procissão para receber a Eucaristia. O canto prolonga-se enquanto se ministra a comunhão aos fiéis.[74] Havendo, porém, um hino após a comunhão, encerre-se em tempo o canto da comunhão.

Haja o cuidado para que também os cantores possam comungar com facilidade.

87. Para o canto da comunhão, pode-se tomar a antífona do Gradual romano, com ou sem o salmo, a antífona com o salmo do Gradual simples ou outro canto adequado, aprovado pela

[74] Cf. S. Congr. para os Sacramentos e o Culto Divino. Instr. *Inaestimabile domum*, n. 17, 3 de abril de 1980: AAS 72 (1980), p. 338.

---

repetindo que se consagre em cada missa o pão para a comunhão. Recorrer ao sacrário — coisa que em paróquias ou igrejas com muitos fiéis pode ser necessária às vezes — não deveria ser o normal.

Há indicações novas que querem dar ainda mais significatividade ao rito da comunhão. Por exemplo, quando se diz que o sacerdote "mostra aos fiéis o pão eucarístico sobre a patena ou sobre o cálice" (n. 84): com o gesto de mostrar o pão (já partido, ou seja, aquele que o próprio sacerdote vai comer) sobre o cálice que sustenta com a outra mão, ressalta mais a unidade do pão e do vinho e dá maior mostra de naturalidade para que a comunhão, *de per si*, teria de ser sob as duas espécies. Cf., também, os nn. 157 e 243.

O canto que acompanha a comunhão tem de expressar, "pela unidade das vozes, a união espiritual dos comungantes, demonstrando a alegria dos corações e realçando mais a índole comunitária" (antes, dizia-se "fraterna") da comunhão eucarística (n. 86: o mesmo repetem os nn. 157 e 243). São oferecidos critérios para a escolha e realização desse canto de comunhão, também quando não se canta (n. 87). Aqui, não encontramos paralelo com o que aconselhava sobre a antífona de entrada quando não é cantada: que

conferência dos bispos. O canto é executado só pelo grupo dos cantores ou pelo grupo dos cantores ou cantor com o povo.

Não havendo canto, a antífona proposta no Missal pode ser recitada pelos fiéis, por alguns dentre eles ou pelo leitor, ou então pelo próprio sacerdote, depois de ter comungado, antes de distribuir a comunhão aos fiéis.

88. Terminada a distribuição da comunhão, se for oportuno, o sacerdote e os fiéis oram por algum tempo em silêncio. Se desejar, toda a assembleia pode entoar ainda um salmo ou outro canto de louvor ou hino.

89. Para completar a oração do povo de Deus e encerrar todo o rito da comunhão, o sacerdote profere a oração depois da comunhão, em que implora os frutos do mistério celebrado.

Na missa se diz uma só oração depois da comunhão, que termina com a conclusão mais breve, ou seja:

— se for dirigida ao Pai: *Por Cristo, nosso Senhor*;

— se for dirigida ao Pai, mas no fim se fizer menção do Filho: *(Ele) Que vive e reina pelos séculos dos séculos;*

---

se possa converter na ideia para a monição inicial (cf. n. 48). Na última edição, foi acrescentada uma observação interessante: que "haja o cuidado para que também os cantores possam comungar com facilidade" (n. 86), o que se repetirá no n. 312.

Há outras orientações, mais adiante, sobre o modo de distribuir a comunhão (não se servindo cada um do pão e do vinho: n. 160) e, sobretudo, da conveniência da comunhão sob as duas espécies (nn. 281-287).

Depois da comunhão, todos, "se for oportuno, o sacerdote e os fiéis oram por algum tempo em silêncio" (n. 88), que parece o mais conveniente, ainda que se diga que também caberia cantar um salmo ou algum outro canto de louvor.

A finalidade da pós-comunhão é "implorar os frutos do mistério celebrado" (n. 89). Também aqui se repete que deve ser única esta oração, como, antes, se havia dito da coleta e da oração sobre as oferendas (nn. 54 e 77).

— se for dirigida ao Filho: *Vós que viveis e reinais pelos séculos dos séculos.*

O povo, pela aclamação *Amém*, faz sua a oração.

D) Ritos finais

90. Aos ritos finais pertencem:

a) breves comunicações, se forem necessárias;

b) saudação e bênção do sacerdote, que, em certos dias e ocasiões, são enriquecidas e expressas pela oração sobre o povo ou por uma fórmula mais solene;

c) despedida do povo pelo diácono ou pelo sacerdote, para que cada qual retorne às suas boas obras, louvando e bendizendo a Deus;

d) o beijo ao altar pelo sacerdote e o diácono e, em seguida, a inclinação profunda ao altar pelo sacerdote, o diácono e os outros ministros.

---

90. Descreve-se o rito final com seus vários elementos: os avisos; a bênção, que, às vezes, tem uma fórmula mais solene, ou se amplia com a "oração sobre o povo"; a despedida; e a saudação do altar.

Dos avisos diz-se que são dados depois da pós-comunhão e recorda-se que só sejam dados "se forem necessários". Se forem supérfluos, é melhor simplificar a despedida. Porém, alguns podem resultar significativos para a vida da comunidade.

Para a "oração sobre o povo" haviam sido conservadas, na edição anterior do Missal, vinte e seis fórmulas, junto com outras tantas bênçãos solenes. Agora, esta "oratio super populum" foi potenciada com novos textos, oferecendo, por exemplo, um distinto para cada dia da Quaresma.

No item c) recuperou-se, na versão de 2002, a frase "para que cada qual retorne às suas boas obras, louvando e bendizendo a Deus", que na de 2000 havia desaparecido.

CAPÍTULO III

FUNÇÕES E MINISTÉRIOS NA MISSA

91. A celebração eucarística constitui uma ação de Cristo e da Igreja, isto é, o povo santo, unido e ordenado sob a direção do bispo. Por isso, pertence a todo o corpo da Igreja e o manifesta e afeta, mas atinge a cada um dos seus membros de modo diferente, conforme a diversidade de ordens, ofícios e da participação atual.[75] Dessa forma, o povo cristão, "geração escolhida,

[75] Cf. Concílio Ecumênico Vaticano II. Const. sobre a sagrada liturgia, *Sacrosanctum concilium*, n. 26.

---

91. Este número introdutório, quase totalmente novo, situa os diversos protagonistas da celebração.

É toda a Igreja, unida a Cristo, que atua, ou seja, "o povo santo", "o povo cristão, geração escolhida, sacerdócio real, gente santa, povo de conquista". A Eucaristia "pertence a todo o corpo da Igreja e o manifesta e afeta".

Porém, a Igreja, sobretudo ao celebrar a Eucaristia, "manifesta sua organização coerente e hierárquica", é "o povo santo, unido e ordenado sob a direção do bispo", e "atinge a cada um dos seus membros de modo diferente, conforme a diversidade de ordens, ofícios e da participação atual". Daí deriva o que se chamou "regra de ouro" da atuação litúrgica: "Todos,

sacerdócio real, gente santa, povo de conquista", manifesta sua organização coerente e hierárquica.[76] Todos, portanto, quer ministros ordenados, quer fiéis leigos, exercendo suas funções e ministérios, façam tudo e só aquilo que lhes compete.[77]

I. FUNÇÕES DE ORDEM SACRA

92. Toda celebração legítima da Eucaristia é dirigida pelo bispo, pessoalmente ou através dos presbíteros, seus auxiliares.[78]

[76] Cf. ibidem, n. 14.

[77] Cf. ibidem, n. 28.

[78] Cf. Concílio Ecumênico Vaticano II. Const. dogm. sobre a Igreja, *Lumen gentium,* nn. 26 e 28; Const. sobre a sagrada liturgia, *Sacrosanctum concilium*, n. 42.

---

portanto, quer ministros ordenados, quer fiéis leigos, exercendo suas funções e ministérios, façam tudo e só aquilo que lhes compete".

Antes (n. 58 das edições anteriores), afirmava-se, explicitamente, que "cada um dos presentes tem o direito e o dever de trazer sua participação" ("unusquisque ius habet et officium participationem suam afferendi"): frase que foi suprimida neste número atual. Porém, em outros lugares, sim, afirma-se que tal participação na celebração "constitui um direito e um dever do povo cristão em virtude do seu batismo" (n. 18), e que a ela "os próprios fiéis, por força de sua condição, têm direito e obrigação" (n. 386).

92. Ao começar a falar dos protagonistas da celebração, talvez tivesse sido melhor nomear, primeiro, a atuação da comunidade inteira, seguindo a linha da *Lumen gentium* conciliar, que fala, inicialmente, da Igreja em geral e, em seguida, dos ministérios. Aqui, com uma certa desordem, dedica os nn. 92-94 aos ministros ordenados, os nn. 95-97 ao povo de Deus e, a partir do n. 98, aos outros ministérios.

Do *bispo*, sem especificar a motivação teológica de seu ministério, afirma-se que "toda celebração eucarística legítima é dirigida pelo bispo, pessoalmente ou pelos presbíteros, seus auxiliares". É muito conveniente que ele

Quando o bispo está presente à missa com afluência do povo, é de máxima conveniência que ele celebre a Eucaristia e associe a si os presbíteros na sagrada ação como concelebrantes. Isto se faz não para aumentar a solenidade exterior do rito, mas para manifestar mais claramente o mistério da Igreja, "sacramento da unidade".[79]

Se o bispo não celebra a Eucaristia, mas delega outro para fazê-lo, convém que ele próprio, de cruz peitoral, de estola e revestido do pluvial sobre a alva, presida a liturgia da Palavra e, no fim da missa, dê a bênção.[80]

93. O presbítero, que na Igreja tem o poder sagrado da Ordem para oferecer o sacrifício em nome de Cristo,[81] também está à frente do povo fiel reunido, preside a sua oração, anuncia-lhe a

[79] Cf. Concílio Ecumênico Vaticano II. Const. sobre a sagrada liturgia, *Sacrosanctum concilium*, n. 26.

[80] Cf. Cerimonial dos Bispos, nn. 175-186.

[81] Cf. Concílio Ecumênico Vaticano II. Const. dogm. sobre a Igreja, *Lumen gentium*, n. 28; Decr. sobre o ministério e a vida dos presbíteros, *Presbyterorum ordinis*, n. 2.

---

presida a missa, se está presente, concelebrando com ele os presbíteros. É interessante o motivo: "Não para aumentar a solenidade exterior do rito, mas para manifestar mais claramente o mistério da Igreja, 'sacramento da unidade'". Ainda que também contemple o caso de estar presente e não celebrar, quando preside e prega na liturgia da Palavra, o que já havia dito o n. 66.

A *Institutio* sublinha, várias vezes, a figura do bispo como liturgo de sua diocese enquanto primeiro dispensador dos mistérios de Deus. No n. 22, é chamado, "na Igreja particular a ele confiada, o moderador, o promotor e guarda de toda a vida litúrgica". No n. 112, dir-se-á, mais explicitamente, como o mistério da Igreja põe-se manifestamente, sobretudo na celebração eucarística que ele preside com a participação do presbitério, dos diáconos, dos ministros e do povo: ideia que também havia expressado, quase com iguais palavras, no n. 22. Também o n. 387 oferece uma boa descrição da função de um bispo, a quem chama "grande sacerdote de sua grei", assim como as adaptações que lhe competem para pôr em prática as diretrizes deste Missal.

mensagem da salvação, associa a si o povo no oferecimento do sacrifício a Deus Pai, por Cristo, no Espírito Santo, dá aos seus irmãos o pão da vida eterna e participa com eles do mesmo alimento. Portanto, quando celebra a Eucaristia, ele deve servir a Deus e ao povo com dignidade e humildade, e, pelo seu modo de agir e proferir as palavras divinas, sugerir aos fiéis uma presença viva de Cristo.

94. Depois do presbítero, o diácono, em virtude da sagrada ordenação recebida, ocupa o primeiro lugar entre aqueles que servem na celebração eucarística. A sagrada Ordem do dia-

---

93. Dos *presbíteros* são descritas, antes de tudo, suas motivações teológicas e atuações litúrgicas:

a) atua na pessoa de Cristo;

b) em virtude do sacramento da Ordem, oferece o sacrifício eucarístico;

c) preside o povo fiel;

d) dirige sua oração;

e) anuncia-lhe a mensagem de salvação;

f) associa o povo à oferenda eucarística que ele oferece ao Pai, por Cristo, no Espírito;

g) dá a seus irmãos a comunhão e participa ele mesmo dela.

As atitudes espirituais que devem acompanhar esta atuação do presbítero são:

a) deve sentir-se servidor de Deus e do povo;

b) deve exercer seu ministério com "dignidade e humildade"; com dignidade, ou confiança, porque está posto pela Igreja para esse ministério à frente de seu povo; e com humildade, porque não é dono nem da comunidade, nem da Palavra, nem da graça sacramental;

c) e como atua "in persona Christi", "deve sugerir aos fiéis... a presença viva de Cristo", de modo que ao que lhe escuta e vê a ele lhe torne fácil recordar a presença viva de Cristo para a sua comunidade.

A *Institutio* fala, repetidamente, do presbítero. Por exemplo: quando lhe diz que celebre diariamente (nn. 19.114), que não pode trocar nada por sua conta e a seu gosto, porque se acha "a serviço da sagrada liturgia" (n. 24),

conato realmente foi tida em grande apreço na Igreja já desde os inícios da era apostólica.[82] Na missa, o diácono tem partes próprias no anúncio do Evangelho e, por vezes, na pregação da Palavra de Deus, na proclamação das intenções da oração universal, servindo o sacerdote na preparação do altar e na celebração do sacrifício, na distribuição da Eucaristia aos fiéis, sobretudo sob a espécie do vinho e, por vezes, na orientação do povo quanto aos gestos e posições do corpo.

II. FUNÇÕES DO POVO DE DEUS

95. Na celebração da missa os fiéis constituem o povo santo, o povo adquirido e o sacerdócio régio, para dar graças a Deus

[82] Cf. Paulo VI. Carta apost. *Sacrum diaconatus ordinem,* 18 de junho de 1967: AAS 59 (1967), pp. 697-704; Pontifical Romano, Ritual de Ordenação de Bispos, Presbíteros e Diáconos (tradução portuguesa para o Brasil da segunda edição típica), 1993, n. 173.

---

quais são suas intervenções na Eucaristia (n. 31), como e com quem deve preparar a celebração (n. 111), como deve buscar o bem de todos e não seu gosto próprio (n. 352)... O n. 385, falando de como devem selecionar e celebrar as missas exequiais, recorda aos sacerdotes que devem ser "ministros do Evangelho para todos".

94. Também dos *diáconos* são descritas, neste número, em grande parte novo, a identidade e as funções que se lhe encomendam na Eucaristia.

São os primeiros entre os que ajudam o sacerdote ou o bispo na celebração. Seu ministério foi muito apreciado na história da Igreja. Concretamente, se lhes encomenda a proclamação do Evangelho, a proclamação das intenções da oração universal, a preparação do altar e a ajuda durante toda a celebração, a distribuição da comunhão e as monições à comunidade sobre suas posturas e gestos. Também, às vezes, pode-se encomendar-lhe a homilia.

Em um longo subtítulo, especificar-se-á, depois, como se desenvolve "a missa com diácono" e quais são as suas funções (nn. 171-186).

95-97. Quando se fala da comunidade, ela é apresentada com sua motivação teológica de "nação santa, povo adquirido por Deus, sacerdócio real".

e oferecer o sacrifício perfeito, não apenas pelas mãos do sacerdote, mas também juntamente com ele, e para aprender a oferecer-se a si próprios.[83] Esforcem-se, pois, por manifestar isto por meio de um profundo senso religioso e da caridade para com os irmãos que participam da mesma celebração.

Por isso, evitem qualquer tipo de individualismo ou divisão, considerando sempre que todos têm um único Pai nos céus e, por este motivo, são todos irmãos entre si.

96. Formem um único corpo, seja ouvindo a Palavra de Deus, seja tomando parte nas orações e no canto ou, sobretudo, na oblação comum do sacrifício e na comum participação da mesa

[83] Cf. Concílio Ecumênico Vaticano II. Const. sobre a sagrada liturgia, *Sacrosanctum concilium*, n. 48; S. Congr. dos Ritos. Instr. *Eucharisticum mysterium*, n. 12, 25 de maio de 1967: AAS 59 (1967), pp. 548-549.

Sua atuação é "para dar graças a Deus e oferecer o sacrifício perfeito, não apenas pelas mãos do sacerdote, mas também juntamente com ele, e aprender a oferecer-se a si próprios", "escutar a Palavra de Deus", "participar nas orações e no canto, ou, sobretudo, na comum oblação do sacrifício e na comum participação da mesa do Senhor", verbos todos que falam não tanto de "ministérios", mas de participação celebrativa (cf., por exemplo, os nn. 311 e 386). Também nos nn. 34-37 são explicitados os momentos em que toda a comunidade participa na celebração, sobretudo com os diálogos e as aclamações. É bom ler, também, o que a OLM 44-48 atribui a toda a comunidade na celebração da Palavra.

do Senhor. Tal unidade se manifesta muito bem quando todos os fiéis realizam em comum os mesmos gestos e assumem as mesmas atitudes externas.

97. Os fiéis não se recusem a servir com alegria ao povo de Deus, sempre que solicitados para algum ministério particular ou função na celebração.

III. MINISTÉRIOS PARTICULARES

O ministério do acólito e do leitor instituídos

98. O acólito é instituído para o serviço do altar e para auxiliar o sacerdote e o diácono. Compete-lhe principalmente preparar o altar e os vasos sagrados, e, se necessário, distribuir aos fiéis a Eucaristia, da qual é ministro extraordinário.[84]

No ministério do altar, o acólito possui partes próprias (cf. nn. 187-193), que ele mesmo deve exercer.

[84] Cf. CIC, cân. 910, § 2; Instr. acerca de algumas questões sobre a colaboração dos fiéis leigos no sagrado ministério dos sacerdotes, *Ecclesiae de mysterio*, 15 de agosto de 1997, art. 8: AAS 89 (1997), p. 871.

A atitude espiritual da assembleia deve ser de "profundo sentido religioso e de caridade aos irmãos", "evitando toda aparência de divisão", porque "é um o Pai comum de todos e todos são irmãos entre si". Ajuda a esta unidade que os fiéis "observem os mesmos gestos e atitudes corporais".

Isso sim: alguns dos fiéis podem "servir com alegria ao povo de Deus, sempre que solicitados para algum ministério". Os ministros "servem ao povo de Deus", ajudando-o a celebrar melhor.

98-99. Ao falar dos "ministérios particulares", são nomeados, antes de tudo, o acólito e o leitor "instituídos": são os dois ministérios que ficaram quando Paulo VI ("Ministeria quaedam", 1972) suprimiu as antigas ordens menores. Mais adiante, falar-se-á dos que, *de facto*, atuam como acólito ou leitor na falta dos instituídos (nn. 100.101.107...).

99. O leitor é instituído para proferir as leituras da Sagrada Escritura, exceto o Evangelho. Pode igualmente propor as intenções para a oração universal e, faltando o salmista, proferir o salmo entre as leituras.

Na celebração eucarística, o leitor tem uma função própria (cf. nn. 194-198), que ele deve exercer.

As demais funções

100. Não havendo acólito instituído, podem ser delegados ministros leigos para o serviço do altar e ajuda ao sacerdote

---

São descritas as funções do acólito, incluída a de ministro extraordinário da comunhão, que exercerá, naturalmente, quando faltem os ordinários (cf. nn. 191-192). Mais adiante, nos nn. 187-193, fala-se, mais extensamente, das funções do acólito. Igualmente das do leitor, do que se volta a falar nos nn. 194-198. Do leitor trata-se, mais extensamente, na OLM 49-55. Aqui já se falou no n. 59.

De ambos se diz que exercem suas funções "por si mesmos", ou seja, ainda que haja diáconos e outros sacerdotes, as leituras que cabem a um leitor instituído ou o serviço do altar a um acólito, eles as realizam.

100-107. Descrevem-se outros ministérios ou "ofícios litúrgicos" com os quais se ajuda a comunidade a celebrar bem a Eucaristia:

a) os acólitos não instituídos, ou coroinhas, cujas funções são enumeradas; e afirma-se que podem ser nomeados "ministros extraordinários da comunhão"; supõe-se que este último será para os leigos mais adultos (n. 100);

b) ao falar dos leitores não instituídos, são especificadas as condições que devem reunir: "Idôneos para desempenhar este ofício", "esmeradamente formados", porque se trata de os fiéis presentes escutarem bem a Palavra e "conceberem, em seu coração, um suave e vivo afeto pela Escritura" (cf. n. 101);

e ao diácono, que levem a cruz, as velas, o turíbulo, o pão, o vinho e a água; podem ainda ser ministros extraordinários para a distribuição da sagrada comunhão.[85]

101. Na falta de leitor instituído, sejam delegados outros leigos, realmente capazes de exercer esta função e cuidadosamente preparados, para proferir as leituras da Sagrada Escritura, para que os fiéis, ao ouvirem as leituras divinas, concebam no coração um suave e vivo afeto pela Sagrada Escritura.[86]

102. Compete ao salmista proclamar o salmo ou outro cântico bíblico colocado entre as leituras. Para bem exercer a sua função, é necessário que o salmista saiba salmodiar e tenha boa pronúncia e dicção.

103. Entre os fiéis, exerce sua função litúrgica o grupo dos cantores ou coral. Cabe-lhe executar as partes que lhe são próprias, conforme os diversos gêneros de cantos, e promover a ativa participação dos fiéis no canto.[87] O que se diz do grupo de cantores vale também, com as devidas ressalvas, para os outros músicos, sobretudo para o organista.

[85] Cf. S. Congr. para a Disciplina dos Sacramentos. Instr. *Immensae caritatis*, n. 1, 29 de janeiro de 1973: AAS 65 (1973), pp. 265-266; CIC, cân. 230, § 3.

[86] Cf. Concílio Ecumênico Vaticano II. Const. sobre a sagrada liturgia, *Sacrosanctum concilium*, n. 24.

[87] Cf. S. Congr. dos Ritos. Instr. *Musicam sacram*, n. 19, 5 de março de 1967: AAS 59 (1967), p. 306.

---

c) o salmista deve possuir “a arte de salmodiar, boa dicção e pronúncia clara” (cf. n. 102); mais exatamente, descreve-se o seu ministério na OLM 56;

d) também os cantores do coro, assim como os músicos instrumentistas, exercem “um ofício litúrgico próprio”, com o que “promovem a ativa participação dos fiéis no canto” (n. 103);

e) o diretor de coro encarrega-se de “dirigir e sustentar o canto do povo”, de modo que haja uma justa repartição entre o que cabe ao coro e o que há de cantar toda a comunidade (n. 104);

104. Convém que haja um cantor ou regente de coro para dirigir e sustentar o canto do povo. Mesmo não havendo um grupo de cantores, compete ao cantor dirigir os diversos cantos, com a devida participação do povo.[88]

105. Exercem também uma função litúrgica:

a) o sacristão, que dispõe com cuidado os livros litúrgicos, as vestes e outras coisas necessárias para a celebração da missa;

b) o comentarista que, oportunamente, dirige aos fiéis breves explicações e exortações, visando a introduzi-los na celebração e dispô-los para entendê-la melhor. Convém que

[88] Cf. ibidem, n. 21: AAS 59 (1967), pp. 306-307.

---

f) o sacristão "prepara com esmero" o que faz falta para a celebração; das vestes sagradas fala-se mais adiante, nos nn. 335-347;

g) o comentarista ou monitor recebe, aqui, conselhos a respeito de sua função (n. 105): suas explicações e avisos devem ser breves, bem preparados, claros e sóbrios ("sobrietate perspicuae"); o lugar que ocupa não é o ambão (reservado à Palavra que Deus nos dirige), mas "um lugar adequado", dotado da oportuna visibilidade e megafonia; cf. OLM 57 sobre essas monições;

h) há alguém encarregado de fazer as coletas no ofertório (n. 105);

i) e, em algumas partes, também outras pessoas que exercem o ministério da acolhida no começo da celebração;

j) recomenda-se um mestre de cerimônias, sobretudo para as catedrais e as igrejas maiores, para que prepare e dirija bem a celebração (n. 106).

Todos estes ministérios (dos nn. 100-106) podem ser encomendados por parte do reitor da igreja a leigos idôneos com uma bênção ou uma designação temporal.

O tema dos *coroinhas*, que não é nomeado explicitamente (n. 107), fica a juízo do bispo.

as exortações do comentarista sejam cuidadosamente preparadas, sóbrias e claras. Ao desempenhar sua função, o comentarista fica em pé em lugar adequado voltado para os fiéis, não, porém, no ambão;

c) os que fazem as coletas na igreja;

d) os que, em certas regiões, acolhem os fiéis às portas da igreja e os levam aos seus lugares e organizam as suas procissões.

106. É conveniente, ao menos nas igrejas catedrais e outras igrejas maiores, que haja algum ministro competente ou mestre de cerimônias, a fim de que as ações sagradas sejam devidamente organizadas e exercidas com decoro, ordem e piedade pelos ministros sagrados e os fiéis leigos.

107. As funções litúrgicas, que não são próprias do sacerdote ou do diácono e das quais se trata acima (nn. 100-106), podem ser confiadas também, pelo pároco ou reitor da igreja, a leigos idôneos[89] e escolhidos com bênção litúrgica ou designação temporária. Quanto à função de servir ao sacerdote junto ao altar, observem-se as normas dadas pelo bispo para sua diocese.

[89] Cf. Pont. Cons. para a Interpretação dos Textos Legislativos: resposta à dúvida acerca do cân. 230, § 2: AAS 86 (1994), p. 541.

As instruções *Liturgicae instaurationes*, de 1970 (n. 7), e *Inaestimabile Donum*, de 1980 (n. 18), apoiadas em uma distinção do Missal (anterior IGMR 70), e em uma antiga tradição, que remonta até o Concílio de Laodiceia, no século IV ("quod non oporteat ingredi mulieres ad altare"), assinalavam que não estão permitidas às mulheres as funções de serviço ao altar ("munera obire acolythi seu altari ministrantis").

Porém, o Vaticano II revalorizou a dignidade e a corresponsabilidade do leigo, homem e mulher, na comunidade cristã, em virtude do batismo, dignidade radical e comum a todo o povo de Deus. Isso levou, finalmente, à solução de deixar a decisão sobre os coroinhas às conferências dos bispos, por uma nota de março de 1994, em que interpreta, com amplitude e em sentido afirmativo, o cânone 230,2 do Código de Direito Canônico, em que se fala de "outras funções" além das clássicas.

IV. A DISTRIBUIÇÃO DAS FUNÇÕES* E A PREPARAÇÃO DA CELEBRAÇÃO

108. Um e o mesmo sacerdote deve exercer a função presidencial sempre em todas as duas partes, com exceção daquelas que são próprias da missa com a presença do bispo (cf., acima, n. 92).

109. Achando-se presentes várias pessoas aptas a exercerem o mesmo ministério, nada impede que distribuam entre si e exerçam as diversas partes do mesmo ministério ou ofício. Por exemplo, um diácono pode ser destinado a proferir as partes cantadas e, outro, ao ministério do altar; havendo várias leituras, é bom que sejam distribuídas entre diversos leitores, e assim por diante. Mas não convém de modo algum que várias pessoas dividam entre si um único elemento da celebração, por exemplo, a mesma leitura feita por dois, um após o outro, a não ser que se trate da Paixão do Senhor.

110. Se na missa com o povo houver apenas um ministro, ele mesmo exerça diversas funções.

111. A preparação prática de cada celebração litúrgica, com espírito dócil e diligente, de acordo com o Missal e outros livros

* O Papa Francisco inovou ao estender os ministérios do leitorado e do acolitado às mulheres, ressaltando seu caráter laical e não direcionado unicamente ao recebimento das ordens; cf. Carta apostólica, *Spiritus Domini*, sobre a modificação do cânon 230, § 1, do Código de Direito Canônico, acerca do acesso das pessoas do sexo feminino no ministério instituído do leitorado e do acolitado. Roma, 10/01/2021 (N.E.).

108. Neste número, novo, recorda-se que há de ser o mesmo sacerdote quem presida a primeira e a segunda parte da missa, com a exceção do que se falou no n. 92.

109. É boa a diretriz de uma distribuição mais racional dos ministérios quando há várias pessoas que os possam realizar, como quando há vários diáconos ou leitores. Se só há um que possa ajudar, ele realiza os distintos ofícios. Na última versão de 2002, desautoriza-se a possibilidade de leituras dialogadas, exceto no caso da Paixão da Semana Santa.

litúrgicos, seja feita de comum acordo por todos aqueles a quem diz respeito, seja quanto aos ritos, seja quanto ao aspecto pastoral e musical, sob a direção do reitor da igreja e ouvidos também os fiéis naquilo que diretamente lhes concerne. Contudo, ao sacerdote que preside a celebração fica sempre o direito de dispor sobre aqueles elementos que lhe competem.[90]

[90] Cf. Concílio Ecumênico Vaticano II. Const. sobre a sagrada liturgia, *Sacrosanctum concilium*, n. 22.

---

111. A "equipe de liturgia" da comunidade, composta, normalmente, de encarregados do canto, da distribuição de ministérios e do cuidado do lugar da celebração, prepara, de forma concreta, a celebração litúrgica. Aqui, são oferecidas a seus membros as orientações de que o façam "com espírito dócil e diligente", consultando também, ademais, "segundo o Missal e os outros livros litúrgicos", os fiéis no que lhes diz respeito e, sobretudo, que o façam "sob a direção do reitor da igreja". Por si não ficando claro este último, na versão de 2002 acrescentou-se a última advertência: "Ao sacerdote que preside a celebração fica sempre o direito de dispor sobre aqueles elementos que lhe competem".

CAPÍTULO IV

AS DIVERSAS FORMAS DE CELEBRAÇÃO DA MISSA

112. Na igreja local, deve-se dar o primeiro lugar, por causa de sua significação, à missa presidida pelo bispo, cercado de seu presbitério, diáconos e ministros leigos,[91] e na qual o povo santo de Deus participa plena e ativamente, visto que aí se dá a principal manifestação da Igreja.

Na missa celebrada pelo bispo, ou à qual ele se faz presente sem que celebre a Eucaristia, observem-se as normas que se encontram no Cerimonial dos Bispos.[92]

[91] Cf. Concílio Ecumênico Vaticano II. Const. sobre a sagrada liturgia, *Sacrosanctum concilium*, n. 41.

[92] Cf. Cerimonial dos Bispos, nn. 119-186.

112-114. Estabelece-se nestes números uma espécie de hierarquia, quanto à sua significatividade teológica, entre as várias celebrações eucarísticas de uma diocese.

O "primeiro posto, por seu significado", é o presidido pelo bispo, acompanhado de seus presbíteros, diáconos e ministros leigos, em que "o povo santo de Deus participa plena e ativamente". Nesta Eucaristia "dá-se a principal manifestação da Igreja". Tal preeminência da missa presidida pelo bispo já havia relevado o n. 22. Cf., também, o que dirá o n. 387 sobre a figura do bispo na vida litúrgica diocesana.

113. Dê-se igualmente grande valor à missa celebrada com uma comunidade, sobretudo à paroquial, uma vez que esta representa a Igreja universal, em determinado tempo e lugar, principalmente quando se trata da celebração comunitária do dia do Senhor.[93]

114. Entre as missas celebradas em certas comunidades, possui dignidade particular a missa conventual, que faz parte do ofício cotidiano, ou a missa chamada "da comunidade". Embora estas missas nada tenham de especial em sua celebração, é de suma conveniência que sejam celebradas com canto e, sobretudo, com a plena participação de todos os membros da comunidade, religiosos ou cônegos. Nessas missas, cada um exerça a sua função segundo a ordem ou o ministério que recebeu. Convém ainda que todos os sacerdotes, não obrigados a celebrar individualmente por motivo pastoral, concelebrem na medida do possível. Além disso, todos os membros da comunidade, isto é, os sacerdotes obrigados a celebrar individualmente para o bem pastoral dos fiéis, podem também concelebrar a missa conventual ou "da comunidade" no mesmo dia.[94] Convém que os

[93] Cf. Concílio Ecumênico Vaticano II. Const. sobre a sagrada liturgia, *Sacrosanctum concilium*, n. 42; Const. dogm. sobre a Igreja, *Lumen gentium*, n. 28; Decr. sobre o ministério e a vida dos presbíteros, *Presbyterorum ordinis,* n. 5; S. Congr. dos Ritos, Instr. *Eucharisticum mysterium*, n. 26, 25 de maio de 1967: AAS 59 (1967), p. 555.

[94] Cf. S. Congr. dos Ritos. Instr. *Eucharisticum mysterium*, n. 47, 25 de maio de 1967: AAS 59 (1967), p. 565.

O segundo grau de significatividade tem-no a missa de uma comunidade, sobretudo paroquial, em sua Eucaristia dominical: essa comunidade cristã "representa a Igreja universal, em determinado tempo e lugar". Uma comunidade eucarística é como a condensação "hic et nunc" da Igreja universal.

Finalmente, fala-se das missas conventuais ou "missas de comunidade" de monges e religiosos, para as quais são dadas várias orientações:

a) que sejam cantadas;
b) que se celebrem com a plena participação de todos os membros da comunidade; e

presbíteros que participam da celebração eucarística, a não ser que estejam escusados por justa causa, exerçam normalmente a função da própria ordem, participando de preferência como concelebrantes, revestidos das vestes sagradas. Caso contrário, portam a veste coral própria ou sobrepeliz sobre a veste talar.

I. A MISSA COM POVO

115. Entende-se por missa com povo a que é celebrada com participação de fiéis. Convém, na medida do possível, que a celebração, sobretudo nos domingos e festas de preceito, se realize com canto e conveniente número de ministros;[95] pode, porém, ser realizada sem canto e com um ministro apenas.

116. Na celebração de qualquer missa em que esteja presente o diácono, este exerça a sua função. Convém, entretanto, que o sacerdote celebrante seja assistido normalmente por um acólito, um leitor e um cantor. O rito descrito em seguida prevê, porém, a possibilidade de maior número de ministros.

[95] Cf. ibidem, n. 26: AAS 59 (1967), p. 555; Instr. *Musicam sacram*, nn. 16 e 27, 5 de março de 1967: AAS 59 (1967), pp. 305 e 308.

---

c) que todos os sacerdotes concelebrem, revestidos como tais, e "exerçam o ministério próprio de sua Ordem", a não ser que razões pastorais levem-nos a presidir outras Eucaristias. Se esses sacerdotes já celebraram em outro lugar, podem concelebrar, de novo, com sua comunidade.

115. Descreve-se, longamente (nn. 115-251), a "missa com povo", que é a normal (nn. 115-251), enquanto será muito mais breve o que diz da "missa com a participação de um só ministro" (nn. 252-272).

A missa com povo, sobretudo a dominical, deveria celebrar-se, se possível, com canto e com o número adequado de ministros.

116. Esta missa fica enriquecida com o ministério do diácono, assim como de outros ministros. Elenca três: acólito, leitor e cantor. Porém, acrescenta a "possibilidade de um número maior de ministros".

O que é necessário preparar

117. O altar seja coberto com uma toalha de cor branca. Sobre ele ou ao seu redor, coloquem-se, em qualquer celebração, ao menos dois castiçais com velas acesas, ou então quatro ou seis, sobretudo quando se trata de missa dominical ou festiva de preceito, ou, quando celebrar o bispo diocesano, colocam-se sete. Haja também sobre o altar ou em torno dele uma cruz com a imagem do Cristo crucificado. Os castiçais e a cruz, ornada com a imagem do Cristo crucificado, podem ser trazidos na procissão de entrada. Pode-se também colocar sobre o altar o Evangeliário, distinto do livro das outras leituras.

117-119. Enumera-se o que se há de preparar para esta missa com povo:

a) da *toalha* diz-se, agora (2002), que seja branca (n. 117); falando mais tarde do altar, volta a dizer que a toalha seja branca: n. 304; talvez tenha de conjugar esta norma com a maior flexibilidade que admitem os nn. 346 e 390, quando dizem que as conferências dos bispos podem fazer adaptações a respeito das cores, porque a sensibilidade sobre as cores varia segundo as culturas;

b) com respeito aos *candelabros* que se colocam sobre o altar ou próximo dele (n. 117), não necessariamente têm de ser dois, mas que possam ser colocados mais (quatro ou seis) nos domingos ou festas mais importantes; sete, no caso da missa presidida pelo bispo diocesano; sobre tais candelabros, há uma resposta da Congregação do Culto Divino (outubro de 1998) dissuadindo de usar candelabros de cor ou perfumados, que são, diz, mais próprios do culto esotérico da *new age*;

c) a *cruz* e os candelabros podem ser levados na procissão de entrada; havia uma dúvida sobre se a cruz que há junto ao altar deveria levar ou não a imagem do Crucificado; aqui se diz que sim, deve levá-la (n. 117); isso será repetido nos nn. 122 e 308; supõe-se que isso não tenha efeitos retroativos e não seja necessário retirar dos presbitérios algumas magníficas "cruzes gemadas" que não trazem a imagem do Crucificado; talvez se deva a norma ao costume que se foi introduzindo, em

118. Preparem-se também:

a) junto à cadeira do sacerdote: o Missal e, se for oportuno, um livro de cantos;

b) no ambão: o Lecionário;

c) na credência: cálice, corporal, sanguinho e, se for oportuno, pala; patena e, se necessário, cibórios; pão para a comunhão do sacerdote que preside, do diácono, dos ministros e do povo; galhetas com vinho e água, a não ser que todas estas coisas sejam apresentadas pelos fiéis na procissão das oferendas; recipiente com água a ser abençoada se houver aspersão; patena para a comunhão dos fiéis; e o que for necessário para lavar as mãos.

O cálice, como convém, seja coberto com um véu, que pode ser da cor do dia ou de cor branca.

---

algumas partes, de tirar a imagem na Sexta-feira Santa e substituí-la por um pano roxo; no n. 308, motiva o porquê de a cruz trazer a imagem do Crucificado: "Recordar aos fiéis a Paixão salutar do Senhor";

d) naturalmente, há de preparar, também, os livros litúrgicos; e, na credência, o pão e o vinho necessários para a celebração e os diversos recipientes que os contêm;

e) aponta-se, também, o recipiente de água para a aspersão, a bandeja para a comunhão e a água para a ablução das mãos, caso seja feita;

f) enumera-se, também, como louvável o véu para cobrir o cálice, se for oportuno; antes, aparecia como obrigatório;

g) enumera as vestes sagradas para os ministros, das que falará mais extensamente nos nn. 335-347; de algumas diz que são facultativas.

O Evangeliário (n. 117) é um livro litúrgico, ao qual essa edição do Missal confere particular relevo, por ser o mais importante dos relacionados com a Palavra de Deus; por isso se fala das "mostras de veneração que se lhe tributam" (n. 60), que se beija em sinal de veneração (n. 273), que "merece uma particular veneração" e se pede que "sejam realmente sinais e símbolos das realidades celestes, e, por conseguinte, verdadeiramente

119. Na sacristia, conforme as diversas formas de celebração, preparem-se as vestes sagradas (cf. nn. 337-341) do sacerdote, do diácono e dos demais ministros:

a) para o sacerdote: alva, estola e casula ou planeta;

b) para o diácono: alva, estola e dalmática, que pode ser dispensada em sua falta, como também em celebrações menos solenes;

c) para os demais ministros: alva ou outras vestes legitimamente aprovadas.[96]

Todos os que vestem alva devem também usar cíngulo e amito, a não ser que o seu feitio o dispense.

Quando se realiza a procissão da entrada, preparem-se também o Evangeliário; nos domingos e dias festivos, o turíbulo e a naveta com incenso, quando se usa incenso; cruz a ser levada na procissão e castiçais com velas acesas.

A) MISSA SEM DIÁCONO

Ritos iniciais

120. Reunido o povo, o sacerdote e os ministros, revestidos das vestes sagradas, dirigem-se ao altar na seguinte ordem:

[96] Cf. Inst. acerca de algumas questões sobre a colaboração dos fiéis leigos no sagrado ministério dos sacerdotes, *Ecclesiae de mysterio,* de 15 de agosto de 1997, art. 6: AAS 89 (1997), p. 869.

---

dignos, artísticos e belos" (n. 349). No rito de entrada, é nomeado nos nn. 117.119.120.172.173.194.195, entre as coisas que se há de preparar para a procissão de entrada. Na liturgia da Palavra, nos nn. 133 e 175, onde, ademais, diz que o bispo pode dar a bênção com o Evangeliário. Também fala desse livro e o motiva a OLM 36.

O Evangeliário foi reformado e editado oficialmente, em sua edição típica latina, no ano 2000 (podem ser lidos seus *prenotandos* na revista *Phase* 246, de 2001).

120-127. Nos números 120-170 descreve-se, detalhadamente, a "missa sem diácono", que é a mais comum. Antes, chamava-se "forma típica".

a) o turiferário com o turíbulo aceso, quando se usa incenso;
b) os ministros que portam as velas acesas e, entre eles, o acólito ou outro ministro com a cruz;
c) os acólitos e os outros ministros;
d) o leitor, que pode conduzir um pouco elevado o Evangeliário, não, porém, o Lecionário;
e) o sacerdote que vai celebrar a missa.

Quando se usa incenso, antes de iniciar a procissão, o sacerdote põe incenso no turíbulo, abençoando-o com o sinal da cruz, sem nada dizer.

121. Enquanto se faz a procissão para o altar, canta-se o canto de entrada (cf. nn. 47-48).

122. Chegando ao altar, o sacerdote e os ministros fazem inclinação profunda.

A cruz, ornada com a imagem do Cristo crucificado, trazida eventualmente na procissão, pode ser colocada junto ao altar, de modo que se torna a cruz do altar, que deve ser uma só; caso contrário, ela será guardada em lugar adequado; os castiçais são colocados sobre o altar ou junto dele; o Evangeliário seja colocado sobre o altar.

Dos *ritos iniciais* desta missa são descritos, antes de tudo, a procissão de entrada, com todos os seus elementos: turiferário, velas, cruz, Evangeliário, acompanhando o sacerdote, enquanto se canta o canto de entrada.

A saudação do altar consta de uma inclinação profunda dos ministros e, logo, o beijo por parte do sacerdote, e a incensação, caso seja feita; aqui, fala-se de incensar a cruz e, em seguida, o altar, rodeando-o.

Já de sua cadeira, de onde presidirá a celebração, até o ofertório, o sacerdote saúda o povo e pode dizer umas "brevíssimas palavras" de introdução à missa (que também pode encomendar a outro ministro, ainda que o mais coerente é que ele as diga). Segue-se o ato penitencial, o *Kýrie*, o Glória e a oração coleta.

123. O sacerdote sobe ao altar e beija-o em sinal de veneração. Em seguida, se for oportuno, incensa a cruz e o altar, contornando-o.

124. Em seguida, o sacerdote dirige-se à cadeira. Terminado o canto de entrada, e estando todos de pé, o sacerdote e os fiéis fazem o sinal da cruz. O sacerdote diz: *Em nome do Pai, e do Filho, e do Espírito Santo.* O povo responde: *Amém*.

Voltado para o povo e abrindo os braços, o sacerdote saúda-o com uma das fórmulas propostas. Ele mesmo ou outro ministro pode, com brevíssimas palavras, introduzir os fiéis na missa do dia.

125. Segue-se o ato penitencial. Em seguida, é cantado ou recitado o *Senhor, tende piedade*, conforme as rubricas (cf. n. 52).

126. Nas celebrações previstas, canta-se ou recita-se o *Glória* (cf. n. 53).

127. Em seguida, o sacerdote convida o povo a rezar, dizendo, de mãos unidas: *Oremos*. E todos, juntamente com ele, oram

---

Algumas notas particulares:

a) quando fala de levar o Evangeliário na procissão, que se colocará sobre o altar até o momento de sua leitura (cf. n. 175), exclui-se, explicitamente, o Lecionário, para dar ao primeiro o destaque que merece, imitando, assim, o costume da liturgia bizantina; seria interessante que tivesse contemplado o caso das muitas comunidades que não possuem o Evangeliário mais festivo, e querem realizar essa procissão com o livro da Palavra;

b) diz que a cruz que se leva em procissão, e que será agora a "cruz do altar", deve trazer "a imagem do Crucificado" (coisa que repete nos nn. 117.308); fala-se de duas possíveis cruzes: a processional e a do altar; porém, deve haver só uma no espaço do presbitério;

c) várias vezes é sublinhada a conveniência de "abençoar" algo antes de usá-lo; aqui, por exemplo, o incenso (n. 120), o qual se volta a indicar em muitas outras ocasiões, que temos enumerado, na introdução, ao falar do caráter mais "sagrado" que esta edição quer assegurar à celebração eucarística.

um momento em silêncio. Então o sacerdote, abrindo os braços, diz a oração coleta; ao terminar, o povo aclama: *Amém*.

Liturgia da Palavra

128. Concluída a oração coleta, todos se assentam. O sacerdote pode, com brevíssimas palavras, introduzir os fiéis na liturgia da Palavra. O leitor, por sua vez, dirige-se ao ambão e, do Lecionário, já aí colocado antes da missa, proclama a primeira leitura, que todos escutam. No fim, o leitor profere a aclamação: *Palavra do Senhor*, respondendo todos: *Graças a Deus*.

Se for oportuno, pode-se, então, observar um breve espaço de silêncio, para que todos meditem o que ouviram.

128-138. Na descrição que aqui se faz da *liturgia da Palavra*, podemos assinalar algumas peculiaridades:

a) as palavras introdutórias devem ser "brevíssimas" (n. 128);

b) depois da primeira leitura, pode-se guardar um "breve espaço de silêncio, para que todos meditem o que ouviram" (n. 128), coisa que repetirá, também, depois da segunda leitura (n. 130) e da homilia (n. 136), seguindo, assim, a linha insistente com a presente edição do Missal, que sublinha a pedagogia do silêncio na celebração;

c) acrescentou-se o detalhe de como há de ser levado o Evangeliário: "um pouco elevado", coisa que repetirá outras vezes (por exemplo, nos nn. 172.175);

d) é bom o acréscimo que faz a edição 2002, de que, quando se proclama o Evangelho, "os presentes voltam-se para o ambão, manifestando uma especial reverência ao Evangelho de Cristo" (n. 133); entende-se que também o sacerdote, quando não é ele quem proclama o Evangelho;

e) especifica-se, no n. 134, que o sinal da cruz (a tríplice) fá-lo não só o que proclama o Evangelho, mas também os demais; antes não o dizia o Missal, e alguns o haviam interpretado como supressão desse sinal da cruz tão arraigado no povo cristão;

129. Em seguida, o salmista ou o próprio leitor profere os versículos do salmo, ao que o povo normalmente responde com o refrão.

130. Se houver uma segunda leitura antes do Evangelho, o leitor a proclama do ambão, enquanto todos escutam, respondendo, no fim, com a aclamação, como se disse anteriormente (n. 128). Em seguida, se for oportuno, pode-se observar um breve espaço de silêncio.

131. Depois, todos se põem de pé e canta-se o *Aleluia* ou outro canto, conforme as exigências do tempo litúrgico (cf. nn. 62-64).

132. Enquanto se canta o *Aleluia* ou outro canto, o sacerdote, se usar incenso, coloca-o no turíbulo e o abençoa. A seguir, com as mãos unidas, e profundamente inclinado diante do altar, diz em silêncio: *Ó Deus todo-poderoso, purificai-me*.

133. Toma, então, o Evangeliário, se estiver no altar, e, precedido dos ministros leigos, que podem levar o turíbulo e os castiçais, dirige-se para o ambão, conduzindo o Evangeliário um pouco elevado. Os presentes voltam-se para o ambão, manifestando uma especial reverência ao Evangelho de Cristo.

134. No ambão, o sacerdote abre o livro e, de mãos unidas, diz: *O Senhor esteja convosco*, respondendo o povo: *Ele está no meio de nós*, e, a seguir, *Proclamação do Evangelho*, fazendo com o polegar o sinal da cruz sobre o livro e sobre si mesmo, na fronte, na boca e no peito, acompanhado nisso por todos. O povo aclama, dizendo: *Glória a vós, Senhor*. O sacerdote incensa o livro, se usar incenso (cf. nn. 276-277). A seguir, proclama

---

f) sobre o lugar em que o sacerdote pronuncia a homilia, diz-se que "de pé, junto à cadeira ou no próprio ambão", ou também "em outro lugar idôneo" (n. 136); poderia dar lugar a dúvidas o que em latim se diz que faz a homilia "stans ad sedem", estando de pé? Sentado? No n. 138, a mesma expressão traduz-se, certamente, por "de pé junto à cadeira", para a oração universal, que se pede, por sua natureza, seja realizada de pé; parece que o mais coerente com seu ofício de presidente é que, a homilia, ele a faça sentado; por isso a introdução ao Lecionário diz que a homilia se faz "na cadeira, de pé ou sentado" (OLM 26);

o Evangelho e, ao terminar, profere a aclamação: *Palavra da Salvação*, respondendo todos: *Glória a vós, Senhor*. O sacerdote beija o livro, dizendo em silêncio: *Pelas palavras do Santo Evangelho.*

135. Se não houver leitor, o próprio sacerdote, de pé ao ambão, diz todas as leituras bem, como o salmo. Também aí, se usar incenso, ele o coloca e abençoa e, profundamente inclinado, diz: *Ó Deus todo-poderoso, purificai-me*.

136. O sacerdote, de pé junto à cadeira ou no próprio ambão, ou ainda, se for oportuno, em outro lugar adequado, profere a homilia; ao terminar, pode-se observar um tempo de silêncio.

137. O símbolo é cantado ou recitado pelo sacerdote com o povo (cf. n. 68), estando todos de pé. Às palavras *E se encarnou pelo Espírito Santo,* todos se inclinam profundamente, mas nas solenidades da Anunciação do Senhor e do Natal do Senhor todos se ajoelham.

138. Terminado o símbolo, o sacerdote, de pé junto à cadeira e de mãos unidas, com breve exortação, convida os fiéis à oração universal. A seguir, o cantor, o leitor ou outra pessoa, do ambão ou de outro lugar apropriado e voltado para o povo, propõe as intenções, às quais o povo, por sua vez, responde suplicante. Por fim, o sacerdote, de mãos estendidas, conclui a prece com uma oração.

Liturgia eucarística

139. Terminada a oração universal, todos se assentam e tem início o canto do ofertório (cf. n. 74).

g) no n. 138, novo, indica-se o modo de realizar a oração universal: o sacerdote, de sua cadeira, diz uma "breve monição", convidando a rezar; um ministro propõe as intenções "do ambão ou de outro lugar apropriado" (parece melhor que se busque esse outro lugar, porque o ambão é melhor reservá-lo à Palavra de Deus).

139-165. Detém-se mais na *liturgia eucarística* nestas missas sem diácono.

O acólito ou outro ministro leigo coloca sobre o altar o corporal, o sanguinho, o cálice, a pala e o Missal.

140. Convém que a participação dos fiéis se manifeste através da oferta do pão e vinho para a celebração da Eucaristia, ou de outras dádivas para prover às necessidades da Igreja e dos pobres.

As oblações dos fiéis são recebidas pelo sacerdote, ajudado pelo acólito ou outro ministro. O pão e o vinho para a Eucaristia são levados para o celebrante, que os depõe sobre o altar, enquanto as outras dádivas são colocadas em outro lugar adequado (cf. n. 73).

141. Ao altar, o sacerdote recebe a patena com pão e a mantém levemente elevada sobre o altar com ambas as mãos, dizendo em silêncio: *Bendito sejais, Senhor.* E depõe a patena com o pão sobre o corporal.

142. Em seguida, de pé, no lado do altar, derrama vinho e um pouco d'água no cálice, dizendo em silêncio: *Pelo mistério desta água*, enquanto o ministro lhe apresenta as galhetas. Retornando ao centro do altar, com ambas as mãos, mantém um pouco elevado o cálice preparado, dizendo em silêncio: *Bendito sejais, Senhor;* e depõe o cálice sobre o corporal, cobrindo-o com a pala, se julgar oportuno.

Contudo, se não houver canto de preparação das oferendas nem música de fundo do órgão, na apresentação do pão e do vinho, o sacerdote pode proferir em voz alta as fórmulas prescritas, respondendo o povo: *Bendito seja Deus para sempre*.

O tema do ofertório ou da preparação dos dons e do altar, do que já havia falado nos nn. 73-77, ocupa, aqui, os nn. 139-146, repetindo motivações e normas. Por exemplo, volta a dizer o que já havia afirmado no n. 74 sobre o canto do ofertório, que se pode cantar também se não houver procissão dos dons.

Sobre as orações com que o sacerdote acompanha a "apresentação" do pão e do vinho, na edição anterior (1975) se dizia que as pronuncia *em segredo*. Porém, na versão de 2000, trocou-se para *submissa voce* (curiosamente,

143. Depois de colocado o cálice sobre o altar, o sacerdote, profundamente inclinado, diz em silêncio: *De coração contrito.*

144. A seguir, se usar incenso, o sacerdote o coloca no turíbulo, abençoa-o sem nada dizer e incensa as oferendas, a cruz e o altar. O ministro, de pé, ao lado do altar, incensa o sacerdote e, em seguida, o povo.

145. Após a oração *De coração contrito,* ou depois da incensação, o sacerdote, de pé ao lado do altar, lava as mãos, dizendo em silêncio: *Lavai-me, Senhor,* enquanto o ministro derrama a água.

146. Outra vez no centro do altar, o sacerdote, de pé e voltado para o povo, estendendo e unindo as mãos, convida o povo a rezar, dizendo: *Orai, irmãos e irmãs*. O povo põe-se de pé e responde, dizendo: *Receba o Senhor.* Em seguida, o sacerdote, de mãos estendidas, diz a oração sobre as oferendas. No fim o povo aclama: *Amém*.

só para o vinho), e agora (2002), de novo, *em segredo* as duas vezes (nn. 141-142). É de notar, no entanto que, ao corrigir na versão de 2002 esta indicação e pôr "em segredo" nestes números da IGMR, não se deu o mesmo passo na rubrica do *Ordo missae*, onde segue colocando *submissa voce*, como na versão de 2000. É lastimável, porque na edição de 1975 se preferia, claramente, a primeira alternativa, a do silêncio para ambas as orações. O lógico é que o conteúdo do Missal deve coincidir com o que anuncia a introdução. Dizer, normalmente, em segredo essas orações valoriza o sentido do silêncio neste momento intermediário entre a Palavra e a oração eucarística, ainda que fique e permaneça de pé a possibilidade de dizê-las em voz alta se não há canto ou música. É de esperar que nas traduções oficiais do Missal sejam dadas contas da defasagem e voltem ao que dizia a edição anterior também no corpo do Missal.

Como se indicava no n. 43 (cf. ali o comentário), aqui se repete e se especifica mais claramente que a comunidade se põe de pé para responder ao convite "Orai, irmãos" do sacerdote: "O povo se põe de pé e responde" (n. 146).

147. O sacerdote inicia a oração eucarística. Conforme as rubricas (cf. n. 365), ele escolhe uma das orações eucarísticas do Missal Romano, ou das aprovadas pela Sé Apostólica. A oração eucarística, por sua natureza, exige que somente o sacerdote, em virtude de sua ordenação, a profira. O povo, por sua vez, se associe ao sacerdote na fé e em silêncio e por intervenções previstas no decurso da oração eucarística, que são as respostas no diálogo do Prefácio, o *Santo*, a aclamação após a consagração, e a aclamação *Amém*, após a doxologia final, bem como outras aclamações aprovadas pela conferência dos bispos e reconhecidas pela Santa Sé.

É muito conveniente que o sacerdote cante as partes da oração eucarística, enriquecidas pela música.

148. Iniciando a oração eucarística, o sacerdote, estendendo as mãos, canta ou diz: *O Senhor esteja convosco*, e o povo responde: *Ele está no meio de nós*. Enquanto prossegue: *Corações ao alto,* eleva as mãos. O povo responde: *O nosso coração está em Deus.* O sacerdote, de mãos estendidas, acrescenta: *Demos graças ao Senhor, nosso Deus* e o povo responde: *É nosso dever e nossa salvação.* Em seguida, o sacerdote, de mãos estendidas, continua o Prefácio; terminado este, une as mãos e, com todos os presentes, canta ou diz em voz alta: *Santo* (cf. n. 79,b).

147-151. Tratam da *oração eucarística*, detalhando para estas missas o que já havia sido dito, em geral, nos nn. 78-79 sobre esta oração que é "o centro e cume de toda a celebração". Merecem um breve comentário alguns dos matizes que aqui se acrescentam:

a) recorda-se, antes de tudo, que se diz uma das orações do Missal ou das aprovadas por Roma;

b) que a diz somente o sacerdote e que é conveniente que cante seus elementos musicalizados, nos dias convenientes (com solenização progressiva, segundo as festas do ano);

c) a comunidade "une-se ao sacerdote com a fé e o silêncio", como também "pelas intervenções estabelecidas ao longo da oração", as aclamações que já estão no Missal (o diálogo, o *santo*, a aclamação

149. O sacerdote continua a oração eucarística conforme as rubricas, que se encontram em cada uma dessas orações.

Se o celebrante é bispo, nas preces, após as palavras: *Pelo nosso Papa N.*, acrescenta: *E por mim, vosso indigno servo.* Quando o bispo celebra fora de sua diocese, após as palavras: *Pelo nosso Papa N.*, acrescenta: *Por meu irmão N., bispo desta Igreja, e por mim, vosso indigno servo,* ou após as palavras: De *nosso Papa N.*, acrescenta: *De meu irmão N., bispo desta Igreja, e de mim, vosso indigno servo.*

O bispo diocesano, ou quem for de direito equiparado a ele, deve ser nomeado com esta fórmula: *Com o Papa N., com o nosso bispo* (ou: *vigário, prelado, prefeito, abade*) *N.*

O bispo coadjutor e os auxiliares, não, porém, outros bispos eventualmente presentes, podem ser nomeados na oração eucarística. Quando vários devem ser nomeados, pode-se fazê-lo em forma geral: *E o nosso bispo N. e seus bispos auxiliares.*

Em cada oração eucarística, estas fórmulas se usam conforme exigirem as normas gramaticais.

"memorial", o *Amém*) ou outras que acrescentam as conferências dos bispos;

d) no n. 149, aplica-se um dos princípios eclesiológicos que nesta edição quer-se ressaltar mais: a importância do bispo, em razão de sua ordenação sacramental; antes, quando presidia um bispo fora de sua diocese, nomeava, em primeiro lugar, o bispo desta diocese, e logo a si mesmo; agora é o contrário: primeiro se nomeia a si mesmo e, a seguir, o da diocese; a ordenação sacramental prevalece sobre a "jurisdição" que um tem;

e) ainda que se tivesse abolido a obrigação da "campainha", aqui se deixa como facultativo ("se for oportuno") tocá-la um pouco antes da consagração e na apresentação do pão e do vinho consagrados;

f) se for uma celebração com maior solenidade, nessa mesma apresentação do pão e do vinho o ministro correspondente pode incensá-los;

150. Um pouco antes da consagração, o ministro, se for oportuno, adverte os fiéis com um sinal da campainha, fazendo o mesmo em cada elevação, conforme o costume da região.

Se for usado incenso, ao serem mostrados ao povo a hóstia e o cálice após a consagração, o ministro os incensa.

151. Após a consagração, tendo o sacerdote dito: *Mistério da fé,* ou outro convite previsto, o povo profere a aclamação, usando uma das fórmulas prescritas.

No fim da oração eucarística, o sacerdote, tomando a patena com a hóstia e o cálice, ou elevando ambos juntos, profere sozinho a doxologia: *Por Cristo.* Ao término, o povo aclama: *Amém.* Em seguida, o sacerdote depõe a patena e o cálice sobre o corporal.

152. Concluída a oração eucarística, o sacerdote, de mãos unidas, diz a exortação que precede a oração do Senhor e, a seguir, de mãos estendidas, proclama-a juntamente com o povo.

153. Terminada a oração do Senhor, o sacerdote, de mãos estendidas, diz sozinho o embolismo: *Livrai-nos de todos os males*, no fim do qual o povo aclama: *Vosso é o reino.*

---

toma-se a ideia do cerimonial dos bispos; aqui parece como sendo obrigatório, porém, no n. 276, se diz que é livre; sobre o incenso, cf. o n. 276;

g) a doxologia, a diz só o sacerdote, não o povo: nn. 151.236.

152-163. O rito da comunhão é descrito e regulado aqui, concretizando, às vezes, o que se havia dito nos nn. 80-89. Alguns matizes são significativos:

a) sobre o gesto da paz, que se descreve como "sinal de paz, comunhão e caridade", na segunda parte do n. 154 se acrescenta a advertência de que o sacerdote dá a paz aos ministros, "mas sempre permanecendo no âmbito do presbitério, para que não se perturbe a celebração"; já havia dito, no n. 82, que "cada qual expresse a paz de maneira sóbria apenas aos que lhe estão mais próximos", ou seja, sublinha-se a necessidade de realizar este gesto com sobriedade, sem exagerar

154. Em seguida, o sacerdote, de mãos estendidas, diz em voz alta a oração do *Senhor Jesus Cristo, dissestes;* terminada esta, estendendo e unindo as mãos, voltado para o povo, anuncia a paz, dizendo: *A paz do Senhor esteja sempre convosco.* O povo responde: *O amor de Cristo nos uniu.* Depois, conforme o caso, o sacerdote acrescenta: *Irmãos e irmãs, saudai-vos em Cristo Jesus.*

O sacerdote pode dar a paz aos ministros, mas sempre permanecendo no âmbito do presbitério, para que não se tumultue a celebração. Faça o mesmo se por motivo razoável quiser dar a paz para alguns poucos fiéis. Todos, porém, conforme as normas estabelecidas pela conferência dos bispos, expressam mutuamente a paz, a comunhão e a caridade. Enquanto se dá a paz, pode-se dizer: *A paz do Senhor esteja sempre contigo,* sendo a resposta: *Amém.*

155. A seguir, o sacerdote toma a hóstia, parte-a sobre a patena e deixa cair uma partícula no cálice, dizendo em silêncio: *Esta união.* Enquanto isso, o coral e o povo cantam ou dizem o *Cordeiro de Deus* (cf. n. 83).

156. Em seguida, o sacerdote, em silêncio e com as mãos juntas, diz a oração da comunhão: *Senhor Jesus Cristo, Filho de Deus vivo,* ou *Senhor Jesus Cristo, o vosso corpo.*

---

sua extensão; aqui, acresce outro detalhe interessante: que o sacerdote pode, também, "desejar a paz a alguns pouco fiéis", porém, como não tem de sair do presbitério, supõe-se que esses fiéis subam ao mesmo ou "vão-lhe ao encontro" na metade do caminho; na edição oficial do Missal alemão é dito que, por boas razões (por exemplo, na missa de exéquias), pode o sacerdote dar a paz a alguns fiéis fora do presbitério, porém, próximo dele;

b) outra "novidade" sobre o gesto da paz é que, aqui, se propõe como possível um diálogo entre os que se dão a paz, deixando para as conferências dos bispos o modo de realizar o gesto (n. 154); no cerimonial dos bispos propunha-se, também, sem impô-la, uma fórmula: "A paz esteja contigo", ao que se responde: "E contigo também". Também podem ser usadas outras palavras, conforme os costumes locais

157. Terminada a oração, o sacerdote faz genuflexão, toma a hóstia consagrada na mesma missa e, segurando-a um pouco elevada sobre a patena ou sobre o cálice, diz voltado para o povo: *Felizes os convidados* e, juntamente com o povo, acrescenta uma só vez: *Senhor, eu não sou digno.*

158. De pé e voltado para o altar, o sacerdote diz em silêncio: *O corpo de Cristo me guarde para a vida eterna,* e comunga com reverência o corpo de Cristo. A seguir, segura o cálice e diz em silêncio: *O sangue de Cristo me guarde para a vida eterna,* e com reverência bebe o sangue de Cristo.

159. Enquanto o sacerdote comunga o sacramento, entoa-se – o canto da comunhão (cf. n. 86).

160. O sacerdote toma, então, a patena ou o cibório e se aproxima dos que vão comungar e que normalmente se aproximam em procissão.

(n. 103). O diálogo que aqui se propõe não parece muito prático quando se dão a paz dois fiéis, porque não se concretiza quem diz a primeira expressão e quem responde.

c) repete-se o que já se havia dito no n. 85: que o pão que se dá na comunhão aos fiéis seja "consagrado na mesma missa" (n. 157);

d) a maneira de mostrar esse pão para convidar os fiéis à comunhão é "segurando-o um pouco elevado sobre a patena ou sobre o cálice" (n. 157), como já dizia o n. 84 e o repetirão os nn. 243.268 etc.; mostrar ao mesmo tempo o pão e o vinho é um sinal da "normalidade" que deveria supor a comunhão sob as duas espécies; aqui, manteve-se que a aclamação *Senhor, eu não sou digno* seja dita uma única vez; porém, em latim, não aparece isso, de "uma só vez", que antes, sim, estava (o mesmo sucede no n. 268); por outra parte, não se vê bem por que no n. 158 diz que, para comungar, o sacerdote o faz "voltado para o altar" ("ad altare conversus"), porque parece que é a única postura evidente;

e) no n. 160, quase totalmente novo, indica-se, claramente, que "não é permitido aos fiéis receber por si mesmos o pão consagrado, nem o cálice consagrado, muito menos passar de mão em mão entre si"; ainda

Não é permitido aos fiéis receber por si mesmos o pão consagrado nem o cálice consagrado e muito menos passar de mão em mão entre si. Os fiéis comungam ajoelhados ou de pé, conforme for estabelecido pela conferência dos bispos. Se, no entanto, comungarem de pé, recomenda-se que, antes de receberem o sacramento, façam a devida reverência, a ser estabelecida pelas mesmas normas.

161. Se a comunhão é dada sob a espécie do pão somente, o sacerdote mostra a cada um a hóstia um pouco elevada, dizendo: *O corpo de Cristo.* Quem vai comungar responde: *Amém,* recebe o sacramento, na boca ou, onde for concedido, na mão, à sua livre escolha. O comungante, assim que recebe a santa hóstia, consome-a inteiramente.

Quando a comunhão se fizer sob as duas espécies, observe-se o rito descrito no lugar próprio (cf. nn. 284-287).

162. Outros presbíteros eventualmente presentes podem ajudar o sacerdote na distribuição da comunhão. Se não houver e se o número de comungantes for muito grande, o sacerdote pode chamar ministros extraordinários para ajudá-lo, ou seja, o acólito instituído, bem como outros fiéis, que para isso foram legitimamente delegados.[97] Em caso de necessidade, o sacerdote pode delegar fiéis idôneos para o caso particular.[98]

[97] Cf. S. Congr. para os Sacramentos e o Culto Divino. Instr. *Inaestimabile donum,* n. 10, 3 de abril de 1980: AAS 72 (1980), p. 336; Instr. acerca de algumas questões sobre a colaboração dos fiéis leigos no sagrado mistério dos sacerdotes, *Ecclesiae de mysterio,* de 15 de agosto de 1997, art. 8: AAS 89 (1997), p. 871.

[98] Cf. infra, Apêndice, Rito para designar um ministro para distribuir ocasionalmente a Sagrada Comunhão (Missal Romano, 3. ed. típica latina. p. 1253).

---

que não diga a motivação desta norma, é claro que, no modo de celebrar todos os sacramentos, deve-se manifestar mais pedagogicamente a "mediação da Igreja"; neste caso, do ministro que distribui a comunhão, realizando, ademais, o diálogo ("Corpo de Cristo. Amém") que dá sentido ao rito; também o diácono que vai ajudar na distribuição da comunhão recebe das mãos do sacerdote a comunhão, não a toma ele

Estes ministros não se aproximem do altar antes que o sacerdote tenha tomado a comunhão, recebendo sempre o vaso que contém as espécies da Santíssima Eucaristia a serem distribuídas aos fiéis, da mão do sacerdote celebrante.

163. Terminada a distribuição da comunhão, o próprio sacerdote, no altar, consome imediatamente todo o vinho consagrado que tenha sobrado; as hóstias que sobram, ele as consome ao altar ou as leva ao lugar destinado à conservação da Eucaristia. Tendo voltado para o altar, o sacerdote recolhe os fragmentos, se houver; a seguir, de pé junto ao altar ou junto à

(n. 182), e o mesmo fazem outros ministros extraordinários (n. 162); ninguém é "dono" da Eucaristia: recebemo-la da e pela Igreja;

f) foi acrescentada, ultimamente (2002), a possibilidade de receber a comunhão de joelhos, se assim foi estabelecido pela conferência dos bispos (n. 160; cf., também, o n. 389); essa possibilidade já estava na instrução *Eucharisticum mysterium*, de 1967; contudo, parece que continua sendo a mais coerente para este momento a postura que havia prevalecido durante o primeiro milênio da Igreja: comungar de pé, que é também a postura que propõe o presente Missal, normalmente, e a que se seguiu entre nós depois da reforma do Missal de Paulo VI; é a postura lógica de que venha em procissão ao encontro do Senhor, com fé vigilante, em uma marcha "escatológica", a receber o "viático", o "alimento para o caminho", o que nem por isso diminui o respeito e a atitude adorante e de fé atenta diante do que representa comungar com o Senhor; no n. 286, estabelece-se que os fiéis que bebem do cálice, façam-no de pé, e a reverência (de cabeça) que recomenda este número, será bom que se faça não no momento de comungar, mas um pouco antes;

g) pela primeira vez entra na edição típica do Missal, porque nas edições anteriores não estava, a possibilidade da comunhão do pão na mão, ali onde o episcopado haja admitido (n. 161); acrescente-se que "o comungante, assim que recebe a santa hóstia, consome-a inteiramente";

h) o n. 162 (novo) fala dos que ajudam o sacerdote a distribuir a comunhão: antes de tudo, os ministros ordinários (outros sacerdotes presentes: não nomeia os diáconos, porque está falando das missas "sem

credência, purifica a patena ou o cibório sobre o cálice; depois, purifica o cálice dizendo em silêncio: *Fazei, Senhor,* e enxuga-o com o sanguinho. Se os vasos foram purificados sobre o altar, o ministro leva-os para a credência. Pode-se também deixar devidamente cobertos no altar ou na credência, sobre o corporal, os vasos a purificar, sobretudo quando são muitos, e purificá-los imediatamente após a missa, depois da despedida do povo.

164. Em seguida, o sacerdote pode voltar à cadeira. Pode-se guardar durante algum tempo um sagrado silêncio, ou entoar um salmo ou outro canto ou hino de louvor (cf. n. 88).

165. A seguir, de pé, junto à cadeira ou ao altar, voltado para o povo, o sacerdote diz, de mãos unidas, *Oremos,* e de mãos estendidas recita a oração depois da comunhão, que pode ser

---

diácono") e em seguida, os ministros extraordinários da comunhão, estabelecidos por Paulo VI, em 1973, com a instrução *Immensae caritatis*, o que foi uma das mudanças mais chamativas da reforma litúrgica; são os acólitos instituídos (cf. n. 191) ou outros fiéis designados estavelmente, e também outros fiéis idôneos, os que podem ajudar o sacerdote *ad actum*, se vai ser muito comprida a comunhão;

i) o *Ritual do culto* dizia que estes ministros subiam ao presbitério durante a fração do pão, porém, agora se especifica que sobem ao altar uma vez que tenha comungado o sacerdote;

j) no primeiro parágrafo do n. 163, que é novo, é dito que o vinho que sobra depois da comunhão deve ser consumido pelo sacerdote em seguida e "no altar" (advertência que repete no n. 279); em seguida diz que, se há diácono, o faz ele (nn. 182.247); no n. 182, diz que podem ajudar o diácono a consumir este vinho sobrante outros diáconos e sacerdotes; no n. 284, são ampliadas as possibilidades: o vinho é consumido pelo sacerdote ou pelo diácono ou pelo acólito instituído que o tenha ajudado a distribuir a comunhão;

k) o pão que sobra, ou o consome (se é pouco), ou o leva ao sacrário (n. 163);

l) a purificação dos vasos sagrados pode ser feita no altar ou na credência (n. 163); porém, "os vasos a purificar, sobretudo quando são

precedida de um momento de silêncio, a não ser que já se tenha guardado silêncio após a comunhão. No fim da oração, o povo aclama: *Amém*.

Ritos finais

166. Terminada a oração depois da comunhão, façam-se, caso necessário, breves comunicações ao povo.

167. Em seguida, o sacerdote, estendendo as mãos, saúda o povo, dizendo: *O Senhor esteja convosco,* e o povo responde: *Ele está no meio de nós.* E o sacerdote, unindo novamente as mãos, acrescenta logo, recolhendo a mão esquerda sobre o peito e elevando a mão direita: *Abençoe-vos Deus todo-poderoso,* e traçando o sinal da cruz sobre o povo, prossegue: *Pai e Filho e Espírito Santo.* Todos respondem: *Amém.*

Em certos dias e ocasiões, esta bênção é enriquecida e expressa, conforme as rubricas, pela oração sobre o povo ou outra fórmula mais solene.

---

muitos, também podem ser deixados, devidamente cobertos, no altar ou na credência, sobre o corporal, e purificados imediatamente após a missa, depois da despedida do povo"; potencializa-se, assim, ainda que não se o diga explicitamente, esse momento de silêncio depois da comunhão, que se torna muito proveitoso também aos ministros que distribuíram o sacramento; sobre as purificações se falará mais adiante, nos nn. 278-280;

m) para esse momento de silêncio, o sacerdote pode ir até a sua cadeira ou permanecer no altar.

166-170. No *rito de conclusão*, concretiza-se o que se falou, em geral, no n. 90. Fala dos breves e oportunos avisos, "se for necessário". Há uma relativização da importância desses avisos: antes se dizia "si habendae sint" (se tiver de dá-los), e agora "si necessariae sint" (se são necessários). Diz que a bênção, às vezes, é enriquecida com a "oração sobre o povo" ou com uma fórmula mais solene (recorda-se, numa advertência acrescida

O bispo abençoa o povo com fórmula apropriada, traçando três vezes o sinal da cruz sobre o povo.[99]

168. Logo após a bênção, o sacerdote, de mãos unidas, acrescenta: *Ide em paz e o Senhor vos acompanhe*, e todos respondem: *Graças a Deus.*

169. O sacerdote beija o altar, como de costume, fazendo, com os ministros leigos, profunda inclinação; com eles se retira em seguida.

170. Se houver depois da missa alguma ação litúrgica, omitem-se os ritos finais, isto é, a saudação, a bênção e a despedida.

B) MISSA COM DIÁCONO

171. Quando está presente à celebração eucarística, o diácono, revestido das vestes sagradas, exerça seu ministério. Assim, o diácono:

a) assiste o sacerdote e caminha ao seu lado;

b) ao altar, encarrega-se do cálice e do livro;

[99] Cf. Cerimonial dos Bispos, nn. 1118-1121.

---

agora, que o bispo a dá com sua fórmula própria). O n. 170 acrescenta que se omite o rito de conclusão se, em seguida à missa, continuar outra ação litúrgica.

171. Passando agora à *missa com diácono* (nn. 171-186), volta-se a descrever toda a celebração. Depois da enumeração dos ministérios que cabem ao diácono (n. 171), podem-se assinalar estes matizes relativamente novos:

a) no rito inicial (nn. 172-174), é o diácono quem leva o Evangeliário e assiste o sacerdote na incensação, se houver;

b) na liturgia da Palavra (nn. 175-177), descreve-se, pormenorizadamente, como atua o diácono na preparação próxima do Evangelho, pedindo a bênção, indo em procissão ao ambão, proclamando a leitura e beijando logo o livro; se preside um presbítero, não se leva o livro para ele beijar, mas o beija aquele que proclamou o Evangelho; se o

c) proclama o Evangelho e, por mandado do sacerdote celebrante, pode fazer a homilia (cf. n. 66);
d) orienta o povo fiel através de oportunas exortações e enuncia as intenções da oração universal;
e) auxilia o sacerdote celebrante na distribuição da comunhão e purifica e recolhe os vasos sagrados;
f) se não houver outros ministros, exerce as funções deles, conforme a necessidade.

Ritos iniciais

172. Conduzindo o Evangeliário, pouco elevado, o diácono precede o sacerdote que se dirige ao altar; se não, caminha a seu lado.

173. Chegando ao altar, se conduzir o Evangeliário, omitida a reverência, sobe ao altar. E, tendo colocado respeitosamente o Evangeliário sobre o altar, com o sacerdote, venera o altar com um ósculo.

Se, porém, não conduzir o Evangeliário, faz, como de costume, com o sacerdote profunda inclinação ao altar e, com ele, venera-o com um ósculo.

Por fim, se for usado incenso, assiste o sacerdote na colocação do incenso e na incensação da cruz e do altar.

174. Incensado o altar, dirige-se para a sua cadeira com o sacerdote, permanecendo aí ao lado do sacerdote e servindo-o quando necessário.

---

que preside é um bispo, o diácono pode levar-lhe o livro para beijar, ou beijá-lo ele mesmo; acrescenta-se, no n. 176, que é novo, que o diácono assume, também, a proclamação das outras leituras, se não há outro leitor idôneo; sempre que fala de como o diácono pronuncia seu convite/saudação *o Senhor esteja convosco*, ou outros avisos e monições, diz que o faz "com as mãos unidas" (nn. 134.175.181.185), quando o espontâneo seria abri-las discretamente em direção da comunidade, ao menos nas saudações;

Liturgia da Palavra

175. Enquanto é proferido o *Aleluia* ou outro canto, o diácono, quando se usa incenso, serve o sacerdote na imposição do incenso. Em seguida, profundamente inclinado diante do sacerdote, pede, em voz baixa, a bênção, dizendo: *Dá-me a tua bênção.* O sacerdote o abençoa, dizendo: *O Senhor esteja em teu coração.* O diácono faz o sinal da cruz e responde: *Amém.* Em seguida, feita uma inclinação ao altar, toma o Evangeliário, que louvavelmente se encontra colocado sobre o altar e dirige-se ao ambão, levando o livro um pouco elevado, precedido do turiferário com o turíbulo fumegante e dos ministros com velas acesas. Ali, ele saúda o povo, dizendo de mãos unidas: *O Senhor esteja convosco*, e, em seguida, às palavras *Proclamação do Evangelho*, traça o sinal da cruz com o polegar sobre o livro e, a seguir, sobre si mesmo, na fronte, sobre a boca e o peito, incensa o livro e proclama o Evangelho. Ao terminar, aclama: *Palavra da Salvação,* respondendo todos: *Glória a vós, Senhor.* Em seguida, beija o livro, dizendo em silêncio: *Pelas palavras do santo Evangelho,* e volta para junto do sacerdote.

Quando o diácono serve ao bispo, leva-lhe o livro para ser osculado ou ele mesmo o beija, dizendo em silêncio: *Pelas palavras do santo Evangelho.* Em celebrações mais solenes, o bispo, conforme a oportunidade, abençoa o povo com o Evangeliário.

Por fim, o *Evangeliário* pode ser levado para a credência ou outro lugar adequado e digno.

---

c) assinala-se também, como novidade, que o bispo, nas celebrações mais solenes, dá a bênção com o Evangeliário, se lhe parecer oportuno (n. 175), à imitação da missa papal;

d) cabe ao diácono recitar as intenções da oração universal, "normalmente do ambão" (n. 177);

e) no ofertório é dito como o diácono deve preparar o altar, ajudado pelo acólito, e como assiste o sacerdote na recepção dos dons trazidos pelo povo (n. 178);

176. Não havendo outro leitor preparado, o diácono profere também as outras leituras.

177. Após a introdução do sacerdote, o diácono propõe, normalmente do ambão, as intenções da oração dos fiéis.

Liturgia eucarística

178. Terminada a oração universal, enquanto o sacerdote permanece em sua cadeira, o diácono prepara o altar com a ajuda do acólito; cabe-lhe ainda cuidar dos vasos sagrados. Assiste o sacerdote na recepção das dádivas do povo. Entrega ao sacerdote a patena com o pão que vai ser consagrado; derrama vinho e um pouco d'água no cálice, dizendo em silêncio: *Pelo mistério desta água* e, em seguida, apresenta o cálice ao sacerdote. Ele pode fazer esta preparação do cálice também junto à credência. Quando se usa incenso, serve o sacerdote na incensação das oferendas, da cruz e do altar, e depois ele mesmo ou o acólito incensa o sacerdote e o povo.

179. Durante a oração eucarística, o diácono permanece de pé junto ao sacerdote, mas um pouco atrás, para cuidar do cálice ou do Missal, quando necessário.

---

f) descreve sua postura durante a oração eucarística; acrescenta-se, agora, que, durante a consagração, "normalmente permanece de joelhos", supõe-se que tendo em conta as possíveis exceções enumeradas no n. 43; também se diz qual é sua atuação durante a doxologia; nas missas concelebradas, cf. o n. 215, sobre a atuação do diácono;

g) é também o diácono quem convida a comunidade para dar-se a paz, se se vai fazer o gesto; ele a recebe do sacerdote e pode dá-la aos ministros mais próximos (n. 181);

h) diz como se recebe a comunhão sob as duas espécies das mãos do sacerdote, como o assiste na distribuição, sobretudo do vinho, e como consome o que sobrou, ajudado por outros diáconos e sacerdotes, se for necessário (n. 182: cf. comentário ao n. 163);

A partir da epiclese até a apresentação do cálice, o diácono normalmente permanece de joelhos. Se houver vários diáconos, um deles, na hora da consagração, pode colocar incenso no turíbulo e incensar na apresentação da hóstia e do cálice.

180. À doxologia final da oração eucarística, de pé ao lado do sacerdote, eleva o cálice, enquanto o sacerdote eleva a patena com a hóstia, até que o povo tenha aclamado: *Amém.*

181. Quando o sacerdote tiver concluído a oração da paz e dito: *A paz do Senhor esteja sempre convosco*, o povo responde: *O amor de Cristo nos uniu;* o diácono, se for o caso, faz o convite à paz, dizendo, de mãos juntas e voltado para o povo: *Irmãos e irmãs, saudai-vos em Cristo Jesus.* Ele, por sua vez, recebe a paz do sacerdote e pode oferecê-la aos outros ministros que lhe estiverem mais próximos.

182. Tendo o sacerdote comungado, o diácono recebe dele a comunhão sob as duas espécies e, em seguida, ajuda o sacerdote a distribuir a comunhão ao povo. Sendo a comunhão ministrada sob as duas espécies, apresenta o cálice aos comungantes e, terminada a distribuição, consome logo com reverência, junto ao altar, todo o sangue de Cristo que tiver sobrado, com a ajuda, se for o caso, dos demais diáconos e dos presbíteros.

183. Concluída a distribuição da comunhão, o diácono volta com o sacerdote ao altar e reúne os fragmentos, se houver. A seguir, leva o cálice e os outros vasos sagrados para a credência, onde os purifica e os compõe como de costume, enquanto o sacerdote regressa à cadeira. Podem-se deixar devidamente cobertos na credência, sobre o corporal, os vasos a purificar e

i) a purificação dos vasos sagrados é descrita mais ou menos como no n. 163, especificando em ambas as ocasiões que, se essa purificação for deixada para depois, faça-se "imediatamente", para evitar o perigo de que fiquem sem ser purificados; cf., também, o n. 247;

j) no rito de conclusão, pode o diácono dar os avisos oportunos (breves, oportunos, e "se for necessário"), ainda que os possa dar também o mesmo sacerdote (n. 184); se se recita a oração sobre o povo, o diácono convida a comunidade a inclinar a cabeça (n. 185: no cerimonial

purificá-los imediatamente após a missa, depois da despedida do povo.

Ritos finais

184. Após a oração depois da comunhão, o diácono profere breves comunicações que se fizerem necessárias ao povo, a não ser que o próprio sacerdote prefira fazê-lo.

185. Se for usada a oração sobre o povo ou a fórmula da bênção solene, o diácono diz: *Inclinai-vos para receber a bênção.* Dada a bênção pelo sacerdote, o diácono despede o povo, dizendo, de mãos unidas e voltado para o povo: *Ide em paz e o Senhor vos acompanhe.*

186. A seguir, junto com o sacerdote, venera com um ósculo o altar e, feita uma inclinação profunda, retira-se como à entrada.

C) FUNÇÕES DO ACÓLITO

187. As funções que o acólito pode exercer são de diversos tipos; algumas delas podem ocorrer simultaneamente. Convém, por isso, que sejam oportunamente distribuídas entre várias

---

dos bispos não era obrigatório este convite); ao final, é ele quem diz a fórmula de despedida.

187-193. Descrevem as funções do *acólito*:

a) na procissão de entrada leva a cruz e a situa junto ao altar, "de modo que se torne a cruz do altar" (n. 188), ou seja, para que, além de cruz processional, seja, a partir desse momento, a cruz do altar;

b) na liturgia eucarística são especificadas as funções do acólito, sobretudo quando não há diácono, tanto no ofertório como na distribuição da comunhão e na purificação dos vasos sagrados; o n. 193 é novo.

Completa-se a normativa sobre o acólito, por exemplo, nos nn. 98 e 100.

pessoas; mas, se estiver presente um único acólito, este execute o que for mais importante, distribuindo-se as demais entre outros ministros.

Ritos iniciais

188. Na procissão para o altar, o acólito pode levar a cruz entre dois ministros que levam velas acesas. Depois de chegar ao altar, depõe a cruz perto do altar, de modo que se torne a cruz do altar; senão, guarda-a em lugar digno. Em seguida, ocupa o seu lugar no presbitério.

189. Durante toda a celebração, cabe ao acólito aproximar-se do sacerdote ou do diácono, para lhes apresentar o livro e ajudá-los em outras coisas necessárias. Convém, portanto, que, na medida do possível, ocupe um lugar do qual possa comodamente cumprir o seu ministério, quer junto à cadeira, quer junto ao altar.

Liturgia eucarística

190. Não havendo diácono, depois de concluída a oração universal, enquanto o sacerdote permanece junto à cadeira, o acólito põe sobre o altar o corporal, o sanguinho, o cálice, a pala e o Missal. A seguir, se for o caso, ajuda o sacerdote a receber os donativos do povo e, oportunamente, leva para o altar o pão e o vinho e os entrega ao sacerdote. Usando-se incenso, apresenta ao sacerdote o turíbulo e o auxilia na incensação das oferendas, da cruz e do altar. Em seguida, incensa o sacerdote e o povo.

191. O acólito, legalmente instituído como ministro extraordinário, pode, se for necessário, ajudar o sacerdote a distribuir a comunhão ao povo.[100] Se a comunhão for dada sob as duas espécies, na ausência do diácono, o acólito ministra o cálice aos comungantes, ou então o segura, se a comunhão for dada por intinção.

[100] Cf. Paulo VI. Carta apostólica *Ministeria quaedam,* 15 de agosto de 1972: AAS 64 (1972), p. 532.

192. Do mesmo modo, o acólito legalmente instituído, terminada a distribuição da comunhão, ajuda o sacerdote ou o diácono a purificar e arrumar os vasos sagrados. Na falta de diácono, o acólito devidamente instituído leva os vasos sagrados para a credência e ali, como de costume, os purifica, os enxuga e os arruma.

193. Terminada a missa, o acólito e os demais ministros, junto com o sacerdote e o diácono, voltam processionalmente à sacristia, do mesmo modo e na mesma ordem em que vieram.

D) FUNÇÕES DO LEITOR

Ritos iniciais

194. Na procissão ao altar, faltando o diácono, o leitor, revestido de vestes aprovadas, pode levar o Evangeliário um pouco elevado; neste caso, caminha à frente do sacerdote; do contrário, com os demais ministros.

195. Ao chegar ao altar, faz com os outros profunda inclinação. Se levar o Evangeliário, sobe ao altar e depõe o Evangeliário sobre ele. A seguir, ocupa com os demais ministros seu lugar no presbitério.

Liturgia da Palavra

196. O leitor profere, do ambão, as leituras que precedem o Evangelho. Não havendo salmista, pode proferir também o salmo responsorial depois da primeira leitura.

197. Na falta de diácono, depois que o sacerdote fez a introdução, pode proferir, do ambão, as intenções da oração universal.

194-198. Assinalam-se as funções do *leitor*: na procissão de entrada, "revestido de vestes aprovadas", faz as vezes do diácono no que diz respeito ao livro do Evangeliário; além das leituras que lhe são próprias, também pode substituir o diácono na leitura das intenções da oração universal; também se lhe atribui a função de recitar as antífonas de entrada ou da

198. Se não houver canto à entrada e à comunhão, e os fiéis não recitarem as antífonas propostas no Missal, o leitor pode proferi-las no momento oportuno (cf. nn. 48 e 87).

II. MISSA CONCELEBRADA

199. A concelebração, que manifesta convenientemente a unidade do sacerdócio e do sacrifício, bem como a unidade de todo o povo de Deus, é prescrita pelo próprio rito: na ordenação de bispos e de presbíteros, na bênção de abade e na missa do crisma.

Além disso, recomenda-se, a não ser que o bem pastoral dos fiéis exija ou aconselhe outra coisa:

a) na missa vespertina na ceia do Senhor;
b) na missa de concílios, nas reuniões de bispos e nos sínodos;
c) na missa conventual e na missa principal nas igrejas e oratórios;
d) nas missas de reuniões sacerdotais de qualquer tipo, seja de seculares, seja de religiosos.[101]

Contudo, a cada sacerdote é permitido celebrar a Eucaristia de forma individual, mas não ao mesmo tempo em que na mesma igreja ou oratório se realiza uma concelebração. No entanto, na

[101] Cf. Concílio Ecumênico Vaticano II. Const. sobre a sagrada liturgia, *Sacrosanctum concilium*, n. 57; CIC, cân. 902.

---

comunhão, caso não sejam cantadas. Nos nn. 59.99.101, são ampliadas as informações sobre o papel do leitor.

199-251. A *missa concelebrada* ocupa um longo espaço deste capítulo.

Antes de tudo, dá-se sua motivação teológica: "Manifesta, convenientemente, a unidade do sacerdócio e do sacrifício, bem como a unidade de todo o povo de Deus" (n. 199) e indica-se que as concelebrações privilegiadas são as presididas pelo bispo, sobretudo nas ocasiões referidas no n. 203.

quinta-feira, na ceia do Senhor e na missa da vigília pascal não é permitido oferecer o sacrifício de modo individual.

200. Os presbíteros em peregrinação sejam acolhidos de bom grado para a concelebração eucarística, contanto que seja reconhecida sua condição sacerdotal.

201. Onde houver grande número de sacerdotes, a concelebração pode realizar-se várias vezes no mesmo dia, quando a necessidade ou utilidade pastoral o aconselhar; mas deve ser feita em momentos sucessivos ou em lugares sagrados diversos.[102]

202. Compete ao bispo, segundo as normas do Direito, dirigir a disciplina da concelebração em todas as igrejas e oratórios de sua diocese.

203. Tenha-se em particular apreço a concelebração em que os presbíteros de uma diocese concelebram com o próprio bispo, na missa estacional, principalmente nas maiores solenidades do ano litúrgico, na missa de ordenação de um novo bispo da diocese ou do seu coadjutor ou auxiliar, na missa do crisma, na missa vespertina, na ceia do Senhor, nas celebrações do santo fundador da igreja local ou patrono da diocese, nos aniversários do bispo e por ocasião de um sínodo ou visita pastoral.

Pelo mesmo motivo, recomenda-se a concelebração todas as vezes em que os presbíteros se reúnem com o seu bispo, por ocasião dos exercícios espirituais ou de algum encontro. Nesses casos se manifesta, de forma ainda mais clara,

[102] Cf. S. Congr. dos Ritos. Instr. *Eucharisticum mysterium*, n. 47, 25 de maio de 1967: AAS 59 (1967), p. 566.

Antes de entrar na descrição da missa, apresenta umas normas gerais:

a) quando está prescrita e quando recomendada a concelebração (nn. 199.201); e quando se pode voltar a concelebrar no mesmo dia (n. 204);

b) no último parágrafo do n. 199 (novo) é dito que um sacerdote não pode celebrar individualmente enquanto, na mesma igreja, se está concelebrando outra missa; como também na Quinta-feira Santa e na vigília pascal;

a unidade do sacerdócio e da Igreja, que caracteriza cada concelebração.[103]

204. Por motivo especial, quer pela significação do rito, quer pela importância da festa, é permitido celebrar ou concelebrar mais vezes no mesmo dia, nos seguintes casos:

a) se alguém, na Quinta-feira Santa, celebrou ou concelebrou a missa do crisma, pode celebrar ou concelebrar a missa vespertina, na ceia do Senhor;
b) se alguém celebrou ou concelebrou a missa da vigília pascal, pode celebrar ou concelebrar a missa do dia da Páscoa;
c) no Natal do Senhor, todos os sacerdotes podem celebrar ou concelebrar três missas, contanto que sejam celebradas em suas horas próprias;
d) na Comemoração de todos os fiéis defuntos, todos os sacerdotes podem celebrar ou concelebrar três missas, contanto que as celebrações se façam em momentos diversos, e observado o que é prescrito a respeito da aplicação da segunda e da terceira missas;[104]
e) se alguém concelebra com o bispo ou seu delegado no Sínodo, na visita pastoral ou em reuniões de sacerdotes, pode, para o bem dos fiéis, celebrar outra missa. O mesmo vale, com as devidas ressalvas, para os encontros de religiosos.

[103] Cf. ibidem, p. 565.

[104] Cf. Bento XV. Const. apost. *Incruentum altaris sacrificium*, 10 de agosto de 1915: AAS 7 (1915), pp. 401-404.

---

c) também é novo o que diz o n. 200, que se admita na concelebração os sacerdotes peregrinos;

d) corresponde ao bispo regular as concelebrações em toda a sua diocese (n. 202);

e) é novo o que recorda o n. 206: que "ninguém se associe nem seja admitido a concelebrar, depois de já iniciada a missa";

f) o que há de preparar dizem-no os nn. 207-209.

205. A missa concelebrada, nas suas diversas modalidades, segue as normas previstas (cf. nn. 112-198), observando-se ou mudando-se o que vem exposto a seguir.

206. Ninguém se associe nem seja admitido a concelebrar, depois de já iniciada a missa.

207. Preparem-se no presbitério:

a) cadeiras e livretes para os sacerdotes concelebrantes;

b) na credência: cálice de tamanho suficiente ou vários cálices.

208. Se não houver diácono, suas funções serão desempenhadas por alguns dos concelebrantes.

Se também não houver outros ministros, partes que lhes são próprias podem ser confiadas a outros fiéis capacitados; caso contrário, serão desempenhadas por alguns dos concelebrantes.

209. Os concelebrantes vestem, na secretaria ou noutro lugar adequado, as vestes que usam normalmente ao celebrarem a missa. Se houver motivo justo, como, por exemplo, grande número de concelebrantes e escassez de vestes, podem os concelebrantes, exceto sempre o celebrante principal, dispensar a casula ou o planeta, e usar apenas a estola sobre a alva.

Ritos iniciais

210. Estando tudo preparado, faz-se, como de costume, a procissão pela igreja até o altar. Os sacerdotes concelebrantes seguem à frente do celebrante principal.

211. Ao chegarem ao altar, os concelebrantes e o celebrante principal, feita profunda inclinação, veneram o altar com um ósculo e se encaminham para as suas cadeiras. O celebrante principal, se for oportuno, incensa a cruz e o altar e, em seguida, vai até a cadeira.

210-211 (ritos iniciais); 212-213 (liturgia da Palavra). A única novidade é a segunda parte do n. 212, onde se regula o modo de pedir ou não a bênção por parte do que vai proclamar o Evangelho, segundo presida um presbítero ou um bispo.

Liturgia da Palavra

212. Durante a liturgia da Palavra, os concelebrantes ocupam os seus lugares e levantam-se com o celebrante principal.

Quando o bispo preside, iniciado o *Aleluia*, todos se levantam. O bispo, ainda sentado, coloca incenso, sem nada dizer, e dá a bênção ao diácono ou, na sua ausência, ao concelebrante que vai proclamar o Evangelho. Contudo, na concelebração presidida por um presbítero, o concelebrante que, na ausência do diácono, proclama o Evangelho, não pede nem recebe a bênção do celebrante principal.

213. A homilia normalmente será feita pelo celebrante principal ou por um dos concelebrantes.

Liturgia eucarística

214. A preparação dos dons (cf. nn. 139-146) é feita pelo celebrante principal, enquanto os outros concelebrantes permanecem nos respectivos lugares.

215. Depois que o celebrante principal conclui a oração sobre as oferendas, os concelebrantes aproximam-se do altar e colocam-se em torno dele, mas de tal forma que não dificultem a realização dos ritos e a visão das cerimônias sagradas por parte dos fiéis, nem impeçam o acesso do diácono ao altar ao exercer a sua função.

O diácono exerce a sua função junto ao altar, ministrando, quando necessário, o cálice e o Missal. Contudo, quanto possível, permanece de pé, um pouco atrás, após os sacerdotes concelebrantes, colocados em torno do celebrante principal.

214-215. No rito da *preparação dos dons*, descreve-se o ofício do diácono (é nova a segunda parte do n. 215) e, sobretudo, acrescenta-se um matiz para os concelebrantes, que se aproximam do altar uma vez que o celebrante principal concluiu a oração sobre as oferendas, antes que comece

O modo de proferir a oração eucarística

216. O Prefácio é cantado ou proclamado somente pelo sacerdote celebrante principal, mas o *Santo* é cantado ou recitado por todos os concelebrantes, junto com o povo e o grupo de cantores.

217. Terminado o *Santo*, os sacerdotes concelebrantes prosseguem a oração eucarística da maneira como se determina a seguir. Só o celebrante principal fará os gestos indicados, caso não se determine outra coisa.

218. As partes que são proferidas conjuntamente por todos os concelebrantes e, sobretudo, as palavras da consagração, que todos devem expressar, quando forem recitadas, sejam ditas em voz tão baixa de tal modo que se ouça claramente a voz do celebrante principal. Dessa forma, as palavras são mais facilmente entendidas pelo povo.

As partes a serem proferidas por todos os concelebrantes juntos, ornadas com notas no Missal, são de preferência cantadas.

Oração eucarística I ou Cânon Romano

219. Na oração eucarística ou Cânon Romano, o *Pai de misericórdia* é dito somente pelo celebrante principal, de mãos estendidas.

220. O *Lembrai-vos, ó Pai* e o *Em comunhão* convém que sejam confiados a um ou dois sacerdotes concelebrantes, de forma que, cada um, em voz alta e de braços abertos, diga sozinho a sua parte.

221. O *Aceitai, ó Pai* é dito novamente apenas pelo celebrante principal, de braços abertos.

---

o diálogo do prefácio; assim, assinala-se melhor que terminou o espaço ofertorial e vai-se iniciar com o prefácio a oração eucarística.

216-236. São muitos os números que se dedicam à *oração eucarística*, porque são detalhadas uma a uma suas diferentes partes e a intervenção nelas de quem preside a celebração e dos concelebrantes. Vale a pena destacar alguns matizes:

222. Do *Dignai-vos, ó Pai, aceitar* até o *Suplicantes, vos pedimos*, o celebrante principal realiza os gestos, enquanto todos os concelebrantes dizem tudo, juntos, da seguinte forma:

a) o *Dignai-vos, ó Pai, aceitar*, com as mãos estendidas para as oferendas;

b) *Na véspera de sua Paixão* e *Do mesmo modo*, de mãos unidas;

c) as palavras do Senhor, com a mão direita estendida para o pão e o cálice, se parecer oportuno; à apresentação, olham para a hóstia e o cálice e depois se inclinam profundamente;

d) o *Celebrando, pois, a memória* e o *Recebei, ó Pai, com olhar benigno*, de braços abertos;

e) o *Suplicantes, vos pedimos,* inclinados e de mãos unidas até as palavras *pela comunhão do santíssimo corpo e o sangue do vosso Filho*; erguem-se depois fazendo o sinal da cruz às palavras *sejamos repletos de todas as graças e bênçãos do céu.*

223. O *Lembrai-vos, ó Pai* e o *E a todos nós pecadores* convém que sejam confiados a um ou dois sacerdotes concelebrantes. Cada um, em voz alta e de mãos estendidas, diz sozinho a sua parte.

224. Às palavras *E a todos nós pecadores*, todos os concelebrantes batem no peito.

225. O *Por ele não cessais de criar* é dito apenas pelo celebrante principal.

---

a) são descritas, para cada uma das quatro orações do Missal (para as outras aprovadas remete ao que dizem elas: n. 235), quais partes das mesmas recita somente o celebrante principal; quais recitam ou cantam, se for o caso, todos os concelebrantes; e quais podem ("convém", n. 220 e paralelos) confiar a um ou a outro deles;

Oração eucarística II

226. Na oração eucarística II, o *Na verdade, ó Pai, vós sois Santo* é proferido apenas pelo celebrante principal, de mãos estendidas.

227. Desde o *Santificai, pois* até o *Suplicantes, vos pedimos*, os concelebrantes proferem tudo, juntos, da seguinte forma:

a) o *Santificai, pois,* de mãos estendidas em direção às oferendas;

b) o *Estando para ser entregue* e *Do mesmo modo,* de mãos unidas;

c) às palavras do Senhor, com a mão direita estendida para o pão e o cálice, se parecer oportuno; à apresentação, olham para a hóstia e o cálice e depois se inclinam profundamente;

d) o *Celebrando, pois, o memorial* e o *Suplicantes, vos pedimos* de mãos estendidas.

228. As intercessões pelos vivos: *Lembrai-vos, ó Pai,* e pelos falecidos: *Lembrai-vos também, na vossa misericórdia,* convém que sejam confiadas a um ou dois sacerdotes concelebrantes; cada um, em voz alta e de mãos estendidas, diz sozinho a sua parte.

---

b) sobre os "gestos" é dito que, normalmente, somente os realiza aquele que preside, a não ser que, explicitamente, diga-se que também os concelebrantes (n. 217);

c) o gesto que se encomenda a todos é o da epiclese, com as duas mãos estendidas em direção às oferendas; enquanto o da consagração do pão e do vinho, "com a mão direita estendida para o pão e o cálice",

Oração eucarística III

229. Na oração eucarística III, o *Na verdade, vós sois Santo* é proferido apenas pelo celebrante principal, de mãos estendidas.

230. Do *Por isso, nós vos suplicamos* até o *Olhai com bondade*, todos os concelebrantes proferem tudo, juntos, da seguinte maneira:

a) o *Por isso, nós vos suplicamos*, com as mãos estendidas para as oferendas;

b) o *Na noite em que ia ser entregue* e o *Do mesmo modo*, de mãos unidas;

c) às palavras do Senhor, com a mão direita estendida para o pão e o cálice, se parecer oportuno; à apresentação, olham para a hóstia e o cálice e depois se inclinam profundamente;

d) o *Celebrando agora* e o *Olhai com bondade*, de mãos estendidas.

231. As intercessões: *Que o mesmo Espírito faça de nós*, o *Nós vos suplicamos* e o *Acolhei com bondade*, convém que sejam confiados a um ou dois sacerdotes concelebrantes; cada um, em voz alta e de mãos estendidas, diz sozinho a sua parte.

Oração eucarística IV

232. Na oração eucarística IV, as palavras *Nós proclamamos* até *para levar à plenitude toda a santificação* são proferidas apenas pelo celebrante principal, de mãos estendidas.

233. Do *Por isso, nós vos pedimos* até o *Olhai, com bondade*, todos os concelebrantes recitam tudo, juntos, da seguinte maneira:

---

fica livre: "Se parecer oportuno" (teria sido melhor traduzir por "se parecer conveniente fazer o gesto"); como não se indica mais explicitamente, permanece a dúvida se se faz com a palma da mão para baixo, para cima ou para um lado, ainda que seria conveniente que fosse um gesto realizado unanimemente, por todos (nn. 222.227.230.233);

a) o *Por isso, nós vos pedimos,* de mãos estendidas para as oferendas;
b) o *Quando, pois, chegou a hora* e o *Do mesmo modo*, de mãos unidas;
c) às palavras do Senhor, com a mão direita estendida para o pão e o cálice, se parecer oportuno; à apresentação, olham para a hóstia e o cálice e depois se inclinam profundamente;
d) o *Celebrando, agora* e o *Olhai com bondade*, de mãos estendidas.

234. Intercessões: o *E agora, ó Pai, lembrai-vos de todos*, o *Lembrai-vos também* e o *E a todos nós,* convém que sejam confiadas a um ou mais concelebrantes, que os recita sozinho, em voz alta, de mãos estendidas.

235. Quanto a outras orações eucarísticas aprovadas pela Sé Apostólica, observem-se as normas estabelecidas para cada uma delas.

236. A doxologia final da oração eucarística é proferida somente pelo sacerdote celebrante principal e, se se preferir, junto com os demais concelebrantes, não, porém, pelos fiéis.

Rito da comunhão

237. O celebrante principal, de mãos unidas, diz a exortação que precede a oração do Senhor e, com as mãos estendidas,

---

d) também há outros gestos que fazem todos os concelebrantes: "olhar" a hóstia e o cálice quando o celebrante principal os mostra, "inclinar-se profundamente" quando o celebrante faz a genuflexão, estender as mãos na oração "memorial e oferenda" que segue à consagração e bater no peito no "nobis quoque peccatoribus" da oração I (n. 224);

e) a doxologia final somente o sacerdote principal pode dizê-la ou, se for adequado, também os concelebrantes, "não, porém, os fiéis" (n. 236).

237-249. Detêm-se no *rito de comunhão* dos concelebrantes, onde se vai indicando o modo de atuar do sacerdote principal, do diácono e dos

reza a oração do Senhor com os demais concelebrantes, também de mãos estendidas e com todo o povo.

238. O *Livrai-nos* é dito apenas pelo celebrante principal, de mãos estendidas. Todos os concelebrantes dizem com o povo a aclamação final: *Vosso é o reino.*

239. Depois do convite do diácono ou, na sua ausência, de um dos concelebrantes: *Irmãos e irmãs, saudai-vos em Cristo Jesus,* todos se cumprimentam. Os que se encontram mais próximos do celebrante principal recebem a sua saudação antes do diácono.

240. Durante o *Cordeiro de Deus*, os diáconos ou alguns dos concelebrantes podem auxiliar o celebrante principal a partir as hóstias para a comunhão dos concelebrantes e do povo.

241. Após depositar no cálice a fração da hóstia, só o celebrante principal, de mãos juntas, diz em silêncio a oração *Senhor Jesus Cristo, Filho do Deus vivo* ou *Senhor Jesus Cristo, o vosso corpo e o vosso sangue.*

242. Terminada a oração antes da comunhão, o celebrante principal faz genuflexão e afasta-se um pouco. Um após o outro, os concelebrantes se aproximam do centro do altar, fazendo genuflexão, e tomam do altar, com reverência, o corpo de Cristo; segurando-o com a mão direita e colocando por baixo

---

concelebrantes. Por exemplo, é dito (é nova a indicação) que no pai-nosso todos estendem as mãos.

A partir do n. 242, descreve-se a ordem e o modo de comungar dos concelebrantes, fazendo, antes, genuflexão se se aproximam do altar. O que diz o n. 243 sobre o modo de mostrar o pão eucarístico já havia sido dito antes, nos nn. 84 e 157. Chama a atenção que o n. 245 indique que os concelebrantes possam comungar "por intinção", quando seria mais expressivo que o fizessem bebendo do cálice, a não ser que estejam em número muito grande. Também causa estranheza que ainda recorde — aqui é a única vez que o faz — que o possam fazer "com uma cânula ou uma colher", que se mantinham, antes, imitando os costumes de algumas igrejas orientais,

a esquerda, retornam a seus lugares. Podem, no entanto, permanecer nos respectivos lugares e tomar o corpo de Cristo da patena que o celebrante principal ou um ou vários dos concelebrantes seguram, passando diante deles; ou então passam a patena de um a outro, até o último.

243. A seguir, o celebrante principal toma a hóstia, consagrada na própria missa, e, mantendo-a um pouco elevada sobre a patena ou sobre o cálice, voltado para o povo, diz: *Felizes os convidados,* e continua com os concelebrantes e o povo, dizendo: *Senhor, eu não sou digno.*

244. Em seguida, o celebrante principal, voltado para o altar, diz em silêncio: *O corpo de Cristo me guarde para a vida eterna,* e comunga com reverência o corpo de Cristo. Os concelebrantes fazem o mesmo, tomando a comunhão. Depois deles, o diácono recebe das mãos do celebrante principal o corpo do Senhor.

245. O sangue do Senhor pode ser tomado diretamente do cálice, ou por intinção, ou ainda com uma cânula ou uma colher.

246. Quando a comunhão é feita diretamente do cálice, pode-se usar um dos seguintes modos:

a) O celebrante principal, de pé ao meio do altar, toma o cálice e diz em silêncio: *O sangue de Cristo me guarde para a vida eterna*, bebe um pouco do sangue e entrega o cálice ao diácono ou a um concelebrante. A seguir, distribui a comunhão aos fiéis (cf. nn. 160-162).

---

e que parecem não ter entrado em nossa práxis. Os números da edição anterior (nn. 202-203), em que se descrevia a comunhão com a cânula ou a colherzinha, desapareceram nesta terceira edição.

O que diz o n. 248, que o sacerdote principal "toma a comunhão sob as duas espécies... observando-se o rito escolhido... que os demais concelebrantes hão de seguir", o que faria pensar que também ele não pode fazer por intinção, haverá de ser interpretado segundo o que diz, em continuação, no n. 249: se os concelebrantes vão comungar do cálice

Os concelebrantes aproximam-se do altar, um a um, ou dois a dois quando se usam dois cálices, fazem genuflexão, tomam do sangue, enxugam a borda do cálice e voltam para a respectiva cadeira.

b) O celebrante principal, de pé, no centro do altar, toma normalmente o sangue do Senhor.

Os concelebrantes podem tomar o sangue do Senhor nos seus respectivos lugares, bebendo do cálice que o diácono ou um dos concelebrantes lhes apresenta, ou também passando sucessivamente o cálice uns aos outros. O cálice é sempre enxugado, seja por aquele que bebe, seja por aquele que apresenta o cálice. Cada um, depois de ter comungado, volta à sua cadeira.

247. O diácono, junto ao altar, consome, com reverência, todo o sangue que restar, ajudado, se for preciso, por alguns dos concelebrantes; leva-o, em seguida, à credência, onde ele mesmo ou um acólito legitimamente instituído, como de costume, o purifica, o enxuga e o compõe (cf. n. 183).

248. A comunhão dos concelebrantes pode também se realizar de modo que um depois do outro comunguem, no altar, do corpo e, logo em seguida, do sangue do Senhor.

Nesse caso, o celebrante principal toma a comunhão sob as duas espécies, como de costume (cf. n. 158), observando-se o rito escolhido, em cada caso, para a comunhão do cálice, que os demais concelebrantes hão de seguir.

Assim, terminada a comunhão do celebrante principal, coloca-se o cálice em um lado do altar, sobre outro corporal. Um depois do outro, os concelebrantes aproximam-se do centro do altar, fazem genuflexão e comungam o corpo do Senhor; passam em seguida para o lado do altar e tomam o sangue do

por intinção, ele, antes, "toma ('sumit') o corpo e o sangue do Senhor como de costume", procurando que fique no cálice suficiente quantidade de vinho consagrado. Ao menos o celebrante principal, e se possível os demais concelebrantes, seria melhor que comungassem de maneira mais expressiva: bebendo do cálice.

Senhor, conforme o rito escolhido para a comunhão do cálice, como se disse acima.

A comunhão do diácono e a purificação do cálice se realizam também como foi descrito acima.

249. Se a comunhão dos concelebrantes se faz por intinção, o celebrante principal comunga, como de costume, o corpo e o sangue do Senhor, cuidando que fique ainda bastante do precioso sangue para a comunhão dos concelebrantes. A seguir, o diácono, ou um dos concelebrantes, dispõe o cálice, de modo conveniente, no meio do altar ou em um dos lados sobre outro corporal, junto à patena com as partículas.

Os concelebrantes, um depois do outro, aproximam-se do altar, fazem genuflexão, tomam a partícula, mergulham-na parcialmente no cálice e, com a patena sob a boca, tomam a partícula embebida e voltam aos seus lugares, como no início da missa. O diácono também comunga por intinção, respondendo *Amém* ao concelebrante que lhe diz: *O corpo e o sangue de Cristo.*

O diácono, junto ao altar, consome, com reverência, todo o sangue que restar, ajudado, se for preciso, por alguns dos concelebrantes; leva-o, em seguida, à credência, onde ele mesmo ou um acólito legitimamente instituído, como de costume, o purifica, o enxuga e o compõe.

Ritos finais

250. O celebrante principal procede aos outros ritos como de costume, até o final da missa (cf. nn. 166-168), permanecendo os concelebrantes em suas cadeiras.

251. Os concelebrantes, antes de se afastarem do altar, fazem-lhe uma profunda inclinação. O celebrante principal, com

---

O n. 247 descreve como o diácono, ajudado por alguns concelebrantes, consome o sangue que sobra e como, ajudado pelo acólito, purifica os vasos sagrados, na linha do que já se havia dito nos nn. 163, 182 e 183. Repete-se quase o mesmo no n. 249.

o diácono, porém, como de costume, beija o altar em sinal de veneração.

III. MISSA COM ASSISTÊNCIA DE UM SÓ MINISTRO*

252. Na missa celebrada por um sacerdote, ao qual assiste e responde um só ministro, observa-se o rito da missa com povo (cf. nn. 120-169), proferindo o ministro, quando for o caso, as partes do povo.

253. Se o ministro for diácono, ele exerce as funções que lhe são próprias (cf. nn. 171-186) e desempenha, outrossim, as outras partes do povo.

254. A celebração sem ministro ou sem ao menos um fiel não se faça a não ser por causa justa e razoável. Nesse caso, omitem-se as saudações, as exortações e a bênção no final da missa.

255. Os vasos sagrados necessários são preparados antes da missa, seja na credência perto do altar, seja sobre o altar, do lado direito.

Ritos iniciais

256. O sacerdote aproxima-se do altar e, feita profunda inclinação, o venera pelo ósculo e ocupa seu lugar na cadeira. Se preferir, o sacerdote pode permanecer no altar; nesse caso, prepara-se aí também o Missal. Em seguida, o ministro ou o sacerdote diz a antífona da entrada.

257. A seguir, o sacerdote com o ministro, de pé, faz o sinal da cruz, dizendo: *Em nome do Pai*; voltado para o ministro, saúda-o com uma das fórmulas propostas.

* Na 59ª Assembeia Geral, a CNBB esclareceu que o termo "ministro" refere-se à pessoa que acompanha e serve o sacerdote durante a celebração.

252-272. Descreve-se a *missa com assistência de um só ministro.*

Esse único ministro faz, praticamente, o que corresponderia à comunidade, nos diálogos com o presidente. Se nem sequer há um ministro, com "causa

258. Em seguida, realiza-se o ato penitencial e, conforme as rubricas, se dizem o *Kýrie* ou *Senhor, tende piedade* e o *Glória*.

259. A seguir, de mãos unidas, diz *Oremos* e, fazendo uma pausa conveniente, profere a oração do dia, com as mãos estendidas. Ao terminar, o ministro aclama: *Amém*.

Liturgia da Palavra

260. As leituras, na medida do possível, são proferidas do ambão ou da estante.

261. Depois da oração do dia, o ministro lê a primeira leitura e o salmo e, quando prescrita, a segunda leitura e o versículo do *Aleluia* ou outro canto.

262. Depois, inclinado, o sacerdote diz: *Ó Deus todo-poderoso, purificai-me* e, em seguida, lê o Evangelho. Ao terminar, diz: *Palavra da salvação,* ao que o ministro responde: *Glória a vós, Senhor*. Em seguida, o sacerdote venera o livro, beijando-o e dizendo em silêncio: *Pelas palavras do santo Evangelho.*

263. A seguir, o sacerdote recita com o ministro o Símbolo, de acordo com as rubricas.

264. Segue-se a oração universal, que também pode ser dita nesta missa. O sacerdote introduz e conclui a oração, ao passo que o ministro profere as intenções.

Liturgia eucarística

265. Na liturgia eucarística tudo é feito como na missa com povo, exceto o que se segue.

266. Feita a aclamação no final do embolismo, que segue a oração do Senhor, o sacerdote diz a oração *Senhor Jesus*

---

justa e razoável" (n. 254: antes se pedia "ex gravi necessitate"; portanto, houve maior facilitação), suprimem-se, naturalmente, as monições, os diálogos e a bênção final.

São descritos, em seguida, os pormenores da missa adaptada a essa situação, tendo em conta, também, os lugares mais convenientes para cada

Cristo, dissestes; em seguida, acrescenta: *A paz do Senhor esteja sempre convosco*, a que o ministro responde: *O amor de Cristo nos uniu.* Se for oportuno, o sacerdote saúda o ministro.

267. A seguir, enquanto diz com o ministro o *Cordeiro de Deus*, o sacerdote parte a hóstia sobre a patena. Terminado o *Cordeiro de Deus*, depõe no cálice a fração da hóstia, dizendo em silêncio: *Esta união.*

268. Em seguida, o sacerdote diz em silêncio a oração *Senhor Jesus Cristo, Filho do Deus vivo* ou *Senhor Jesus Cristo, o vosso corpo*; depois, faz genuflexão, toma a hóstia e, se o ministro comungar, diz, voltado para ele e segurando a hóstia um pouco elevada sobre o cálice: *Felizes os convidados*, e diz com ele uma só vez: *Senhor, eu não sou digno.* Em seguida, voltado para o altar, comunga o corpo de Cristo. Se o ministro não receber a comunhão, o sacerdote, tendo feito a genuflexão, toma a hóstia e, voltado para o altar, diz uma vez em silêncio: *Senhor, eu não sou digno* e *O corpo de Cristo me guarde* e comunga o corpo de Cristo. Depois toma o cálice e diz em silêncio: *O sangue de Cristo me guarde para a vida eterna*, e toma o sangue.

269. Antes de ser dada a comunhão ao ministro, é dita a antífona da comunhão pelo ministro ou pelo próprio sacerdote.

270. O sacerdote purifica o cálice na credência ou junto ao altar. Se o cálice for purificado no altar, pode ser levado para a credência pelo ministro ou ser colocado a um lado, sobre o altar.

271. Após a purificação do cálice, convém que o sacerdote observe algum tempo de silêncio; a seguir, diz a oração depois da comunhão

---

momento (altar, ambão, cadeira). No n. 268, é dito que a invocação *Senhor, eu não sou digno* é feita "uma vez", indicação que não está no latim. É o mesmo que havia sucedido no n. 157.

Ritos finais

272. Os ritos finais são realizados como na missa com povo, omitindo-se, porém, o *Ide em paz.* O sacerdote, como de costume, venera o altar com um beijo e, feita inclinação profunda, retira-se com o ministro.

IV. ALGUMAS NORMAS MAIS GERAIS PARA TODAS AS FORMAS DE MISSA

Veneração do altar e do Evangeliário

273. Conforme uso consagrado, a veneração do altar e do Evangeliário é feita pelo ósculo. Mas, onde esse sinal não se coadunar com as tradições ou a índole da região, compete à conferência dos bispos estabelecer outro sinal para substituí-lo, com o consentimento da Sé Apostólica.

Genuflexão e inclinação

274. A genuflexão, que se faz dobrando o joelho direito até o chão, significa adoração; por isso, reserva-se ao Santíssimo Sacramento e à santa cruz, desde a solene adoração na ação litúrgica da Sexta-feira da Paixão do Senhor até o início da vigília pascal.

273-287. São dedicados a *algumas normas gerais* para a celebração da missa.

273. O *beijo* no altar e no Evangeliário pode ser muito expressivo em alguns lugares, e, em outros, menos. Nesse caso, podem intervir as conferências dos bispos, estabelecendo outro sinal de veneração.

274-275. Outros gestos de veneração são as *genuflexões e inclinações.*

A genuflexão é um gesto típico do rito latino (em outras liturgias, sobretudo orientais e de várias famílias religiosas, faz-se uma inclinação profunda do corpo). Fala-se, aqui, como se faz: com o joelho direito, a quem está

Na missa, o sacerdote celebrante faz três genuflexões, a saber: depois da apresentação da hóstia, após a apresentação do cálice e antes da comunhão. As particularidades a serem observadas na missa concelebrada vêm indicadas nos respectivos lugares (cf. nn. 210-251).

Se, porém, houver no presbitério tabernáculo com o Santíssimo Sacramento, o sacerdote, diácono e os outros ministros fazem genuflexão quando chegam ao altar e quando dele se retiram; não, porém, durante a própria celebração da missa.

Também fazem genuflexão todos os que passam diante do Santíssimo Sacramento, a não ser que caminhem processionalmente.

Os ministros que levam a cruz processional e as velas, em vez de genuflexão, fazem inclinação da cabeça.

275. Pela inclinação se manifesta a reverência e a honra que se atribuem às próprias pessoas ou aos seus símbolos. Há duas espécies de inclinação, ou seja, de cabeça e de corpo:

a) faz-se inclinação de cabeça quando se nomeiam juntas as três Pessoas Divinas, ao nome de Jesus, da Virgem Maria e do Santo em cuja honra se celebra a missa;
b) inclinação de corpo, ou inclinação profunda, se faz ao altar; às orações *Ó Deus todo-poderoso, purificai-me* e *De coração contrito*; no Símbolo, às palavras *E se encarnou*; no Cânon Romano, às palavras *Suplicantes, vos pedimos.*

---

reservada e em que momentos da missa a faz o sacerdote, dependendo se no espaço do presbitério está ou não o sacrário. É novo quando diz que a genuflexão ao sacrário se faz no princípio e no final, "não, porém, durante a própria celebração da missa"; antes, dizia-se que se devia fazê-la cada vez que os ministros passavam diante do sacrário.

A inclinação quer expressar "a reverência e a honra que se atribuem às próprias pessoas ou aos seus símbolos". Indica-se quando se faz a inclinação de cabeça, e quando da inclinação profunda do corpo, como no "Munda cor meum", n. 132, e na oração "In spiritu humilitatis", n. 143.

O diácono faz a mesma inclinação quando pede a bênção antes de proclamar o Evangelho. Além disso, o sacerdote inclina-se um pouco quando, na consagração, profere as palavras do Senhor.

Incensação

276. A turificação ou incensação exprime a reverência e a oração, como é significada na Sagrada Escritura (cf. Sl 140,2; Ap 8,3).

O incenso pode ser usado facultativamente em qualquer forma de missa:

a) durante a procissão de entrada;
b) no início da missa, para incensar a cruz e o altar;
c) à procissão e à proclamação do Evangelho;
d) depostos o pão e o cálice sobre o altar, para incensar as oferendas, a cruz e o altar, bem como o sacerdote e o povo;
e) à apresentação da hóstia e do cálice, após a consagração.

277. Ao colocar o incenso no turíbulo, o sacerdote o abençoa com o sinal da cruz, sem nada dizer.

Antes e depois da turificação, faz-se inclinação profunda à pessoa ou à coisa que é incensada, com exceção do altar e das oferendas para o sacrifício da missa.

276-277. A incensação significa, já desde a Bíblia, "reverência e oração" para as pessoas ou os objetos. Falou-se desse gesto já nos nn. 119-120, para o rito de entrada, e no n. 150, para a consagração. São descritos com detalhes, em parte novos, tomados sobretudo do cerimonial dos bispos, os momentos em que se incensa na missa e o modo de fazê-lo. Incensa-se, primeiro, a cruz e depois o altar, se a cruz está situada sobre o altar ou muito próximo dele. As imagens e relíquias são incensadas só no princípio

São incensados com três ductos do turíbulo: o Santíssimo Sacramento, as relíquias da santa cruz e as imagens do Senhor expostas para veneração pública, as oferendas para o sacrifício da missa, a cruz do altar, o Evangeliário, o círio pascal, o sacerdote e o povo.

Com dois ductos são incensadas as relíquias e as imagens dos santos expostas à veneração pública, mas somente uma vez no início da celebração, após a incensação do altar.

O altar é incensado, com ictos sucessivos, da seguinte maneira:

a) se o altar estiver separado da parede, o sacerdote o incensa, andando ao seu redor;
b) se, contudo, o altar não estiver separado da parede, o sacerdote, caminhando, incensa primeiro a parte direita do altar, depois a parte esquerda.

Se a cruz estiver sobre o altar ou junto dele, é turificada antes da incensação do altar; caso contrário, quando o sacerdote passa diante dela.

As oferendas são incensadas pelo sacerdote com três ductos do turíbulo, antes da incensação da cruz e do altar, ou traçando com o turíbulo o sinal da cruz sobre as oferendas.

Purificação

278. Sempre que algum fragmento da hóstia aderir aos dedos, principalmente após a fração ou a comunhão dos fiéis,

---

da celebração, não no ofertório. Parece recuperar no ofertório, como optativa, a incensação dos dons em forma de cruz: "Traçando com o turíbulo o sinal da cruz sobre as oferendas" (n. 277).

278-280. Falam das *purificações*, ainda que já antes se tivesse falado delas (por exemplo, no n. 163). Indica-se como purificar os vasos sagrados e quem o faz; aqui, diz que o sacerdote, o diácono ou o acólito instituído (não, portanto, o ministro extraordinário da comunhão, como pareceria coerente), e volta-se a dizer que se pode fazer depois da comunhão ou depois da missa, como já havia indicado o n. 163. Também se indica o que o sacerdote limpe os dedos sobre a patena ou, se necessário, lave-os. Da mesma forma, recolha os fragmentos, que eventualmente tenham ficado de fora da patena.

279. Os vasos sagrados são purificados pelo sacerdote ou pelo diácono ou pelo acólito instituído, depois da comunhão ou da missa, na medida do possível junto à credência. A purificação do cálice é feita com água, ou com água e vinho, a serem consumidos por aquele que purifica o cálice. A patena seja limpa normalmente com o sanguinho.

Cuide-se que a sobra do sangue de Cristo que eventualmente restar após a distribuição da comunhão seja tomada logo, integralmente, junto ao altar.

280. Se a hóstia ou alguma partícula cair no chão, seja recolhida com reverência; se for derramado um pouco do sangue, lave-se com água o lugar onde caiu, e lance-se depois esta água na piscina construída na sacristia.

Comunhão sob as duas espécies

281. A comunhão realiza mais plenamente o seu aspecto de sinal quando sob as duas espécies. Sob esta forma se manifesta mais perfeitamente o sinal do banquete eucarístico e se exprime de modo mais claro a vontade divina de realizar a nova e eterna aliança no sangue do Senhor, assim como a relação entre o banquete eucarístico e o banquete escatológico no reino do Pai.[105]

[105] Cf. S. Congr. dos Ritos. Instr. *Eucharisticum mysterium,* n. 32, 25 de maio de 1967: AAS 59 (1967), p. 558.

fazer quando cai no chão parte do pão ou do vinho consagrados, derramando a água com a qual foi purificado o chão em uma "piscina" situada na sacristia, da que voltará a falar o n. 334.

281-287. Os últimos números do capítulo são dedicados à *comunhão sob as duas espécies*.

Da motivação mais teológica se encarrega o n. 281, afirmando que "a comunhão realiza mais plenamente o seu aspecto de sinal quando sob as duas espécies". Ou seja, não é uma cerimônia mais ou menos melhorada, mas um modo de realizar o rito da comunhão que ajuda a sintonizar

282. Cuidem os pastores de lembrar, da melhor forma possível, aos fiéis que participam do rito ou a ele assistem, a doutrina católica a respeito da forma da sagrada comunhão, segundo o Concílio Ecumênico Tridentino. Antes de tudo, advirtam os fiéis de que a fé católica ensina que, também sob uma só espécie, se recebe Cristo todo e inteiro, assim como o verdadeiro sacramento; por isso, no que concerne aos frutos da comunhão, aqueles que recebem uma só espécie não ficam privados de nenhuma graça necessária à salvação.[106]

Ensinem ainda que a Igreja, na administração dos sacramentos, tem o poder de determinar e mudar, salvo a sua substância, o que julgar conveniente à utilidade dos que os recebem e à veneração dos mesmos sacramentos, em razão da diversidade das coisas, dos tempos e dos lugares.[107] Ao mesmo tempo exortem os fiéis a desejarem participar mais intensamente do rito sagrado pelo qual se manifesta do modo mais perfeito o sinal do banquete eucarístico.

283. Além dos casos previstos nos livros rituais, a comunhão sob as duas espécies é permitida nos seguintes casos:

a) aos sacerdotes que não podem celebrar ou concelebrar o santo sacrifício;

[106] Cf. Conc. de Trento. Sessão XXI, 16 de julho de 1562, Decr. sobre a comunhão eucarística, caps. 1-3: DS 1725-1729.

[107] Cf. ibidem, cap. 2: DS 1728.

---

melhor com a intenção profunda do sacramento e, ademais, corresponde melhor à vontade do mesmo Cristo: "Tomai e bebei". Comungar também com o vinho "manifesta melhor o sinal do banquete", relaciona melhor a Eucaristia com o sacrifício da cruz, onde "realiza a nova e eterna aliança no sangue do Senhor", e também relaciona a comunhão com o banquete escatológico no Reino do céu.

Completa a perspectiva o n. 282, assegurando que fica em pé o que havia afirmado o Concílio de Trento, que Cristo Jesus está real e inteiramente presente em cada uma das espécies de pão e vinho; porém, a Igreja pensa

b) ao diácono e a todos que exercem algum ofício na missa;
c) aos membros da comunidade na missa conventual ou na missa chamada "da comunidade", aos alunos dos seminários, a todos os que fazem exercícios espirituais ou que participam de alguma reunião espiritual ou pastoral.

O bispo diocesano pode baixar normas a respeito da comunhão sob as duas espécies para a sua diocese, a serem observadas, inclusive, nas igrejas dos religiosos e nos pequenos grupos. Ao mesmo bispo se concede a faculdade de permitir a comunhão sob as duas espécies, sempre que isso parecer oportuno ao sacerdote a quem, como pastor próprio, a comunidade está confiada, contanto que os fiéis tenham boa formação a respeito e esteja excluído todo perigo de profanação do sacramento, ou o rito se torne mais difícil, por causa do número de participantes ou por outro motivo.

Contudo, quanto ao modo de distribuir a sagrada comunhão sob as duas espécies aos fiéis, e à extensão da faculdade, as conferências dos bispos podem baixar normas, a serem reconhecidas pela Sé Apostólica.*

* Conforme proposta da 33ª Assembleia Geral da CNBB, aprovada pela Sé Apostólica, a ampliação do uso da comunhão sob as duas espécies pode ocorrer nos seguintes casos: 1) A todos os membros dos institutos religiosos e seculares, masculinos e femininos, e a todos os membros das casas de formação sacerdotal ou religiosa, quando participarem da missa da comunidade. 2) A todos os participantes da missa da comunidade por ocasião de um encontro de oração ou de uma reunião pastoral. 3) A todos os participantes em missas que já comportam para alguns dos presentes a comunhão sob as duas espécies, conforme os Princípios e normas para uso do Missal Romano: a) quando há uma missa de batismo de adulto, crisma ou admissão na comunhão da Igreja; b) quando há casamento na missa; c) na ordenação de diácono; d) na bênção da abadessa, na consagração das Virgens, na primeira profissão religiosa e na sua renovação, na profissão perpétua, quando feitas durante a missa; e) na missa de instituição de ministérios, de envio de missionários leigos e quando se dá na missa qualquer missão eclesiástica; f) na administração do viático, quando a missa é celebrada em casa; g) quando o diácono e os ministros comungam na missa; h) havendo concelebração; i) quando um sacerdote presente comunga na missa; j) nos exercícios espirituais e nas reuniões pastorais; k) nas missas de jubileu de sacerdócio, de casamento ou de profissão religiosa; l) na primeira missa de um neo-sacerdote; m) nas missas conventuais ou de uma "comunidade". 4) Na ocasião de celebrações particularmente expressivas do sentido da comunidade cristã reunida em torno do altar (cf. CNBB, *Comunicado Mensal*, n. 500, ano 45 [1996], p. 717-718).

284. Quando a comunhão é dada sob as duas espécies:

a) quem serve o cálice é normalmente o diácono, ou, na sua ausência, o presbítero, o acólito instituído ou outro ministro extraordinário da sagrada comunhão, ou outro fiel a quem, em caso de necessidade, é confiado eventualmente este ofício;

b) o que por acaso sobrar do precioso sangue é consumido no altar pelo sacerdote, ou pelo diácono, ou pelo acólito instituído, que serviu o cálice e, como de costume, o purifica, o enxuga e compõe os vasos sagrados.

Aos fiéis que, eventualmente, queiram comungar somente sob a espécie de pão, seja-lhes oferecida a sagrada comunhão dessa forma.

285. Para distribuir a comunhão sob as duas espécies, preparem-se:

a) quando a comunhão do cálice é feita tomando diretamente do cálice, prepare-se um cálice de tamanho suficiente (ou vários cálices), tendo-se sempre o cuidado de prever que não sobre mais do sangue de Cristo do que se possa tomar razoavelmente no fim da celebração;

b) quando a comunhão se realiza por intinção, preparem-se hóstias que não sejam demasiado finas nem pequenas, mas um pouco mais espessas que de costume, para que possam ser distribuídas comodamente depois de molhadas parcialmente no sangue.

286. Se a comunhão do sangue se faz bebendo do cálice, o comungando, depois de ter recebido o corpo de Cristo, aproxima-se do ministro do cálice e fica de pé diante dele. O ministro diz: *O sangue de Cristo;* o comungando responde: *Amém*, e o ministro lhe entrega o cálice, que o próprio comungando, com as mãos, leva à boca. O comungando toma um pouco do cálice, devolve-o ao ministro e se retira; o ministro, por sua vez, enxuga a borda do cálice com o sanguinho.

287. Se a comunhão do cálice é feita por intinção, o comungando, segurando a patena sob a boca, aproxima-se do sacerdote, que segura o vaso com as sagradas partículas e a cujo lado tem o ministro sustentando o cálice. O sacerdote toma a hóstia, mergulha-a parcialmente no cálice e, mostrando-a, diz: *O corpo e o sangue de Cristo*; o comungando responde: *Amém*, recebe do sacerdote o sacramento, na boca, e se retira.

---

que agora, como nos primeiros séculos, é conveniente, para uma mais frutuosa participação na Eucaristia, que também os fiéis participem do vinho nos casos que especifica.

Esses casos são enumerados no n. 283, com uma lista (que inclui, por exemplo, os membros de comunidades religiosas, seminaristas e participantes nos exercícios ou em reuniões espirituais ou pastorais) que agora se torna mais breve, antes de tudo porque não nomeia os casos das "missas rituais". Porém, sobretudo, porque, em continuação, acrescenta como significativa novidade a norma de o bispo, a quem corresponde estabelecer normas a respeito em toda a sua diocese, poder permitir a comunhão sob as duas espécies cada vez que ao sacerdote a quem se encomendou, como pastor próprio, uma comunidade, lhe parecer oportuno. Antes, isso dependia do que houvesse decidido a Conferência Episcopal; agora, diretamente do bispo. Acrescente um matiz lógico: "Contanto que os fiéis tenham boa formação a respeito e esteja excluído todo perigo de profanação do sacramento, ou o rito torne-se mais difícil, por causa do número de participantes, ou por outro motivo". O modo de distribuir a comunhão, sim, é deixado a juízo das conferências dos bispos.

O modo de participar do vinho é descrito nos nn. 284-287, quase totalmente novos, segundo se faça bebendo os fiéis do cálice ou por intinção, com os ministros e diálogos assinalados. No caso da intinção, não é o fiel quem molha o pão no cálice, mas o ministro quem o dá já molhado, portanto, na boca. Aqui, já não se fala de colherzinha e de cânula, que aparecem no n. 245.

Uma vez mais se explica o que se tem de fazer com o vinho consagrado que sobra (n. 284), completando o que se havia dito nos nn. 163 e 182.

Em toda a IGMR, não se trata da possibilidade de repetir a comunhão no mesmo dia, o que regula o Código: CIC, cân. 917.

CAPÍTULO V

DISPOSIÇÃO E ORNAMENTAÇÃO DAS IGREJAS PARA A CELEBRAÇÃO DA EUCARISTIA

I. PRINCÍPIOS GERAIS

288. Para celebrar a Eucaristia, o povo de Deus se reúne geralmente na igreja ou, na falta ou insuficiência desta, em outro lugar conveniente, digno de tão grande mistério. As igrejas e os demais lugares devem prestar-se à execução das ações sagradas e à ativa participação dos fiéis. Além disso, os edifícios

---

Todo o capítulo V está dedicado ao *lugar da celebração*, assinalando sua razão de ser, sua disposição mais adequada e ressaltando, repetidamente, a beleza e a estética que o deve distinguir. Fala-se, apenas, daqueles espaços que têm relação com a Eucaristia: não, por exemplo, do batistério nem dos confessionários.

288. Sobre *as igrejas*, depois de expressar a conveniência de celebrar sempre a Eucaristia em uma igreja, ou, em todo caso, em um "lugar conveniente, digno de tão grande mistério", diz qual a finalidade deste lugar: "Devem prestar-se à execução das ações sagradas e à ativa participação dos fiéis". Em seguida, expressa o desejo de que esse lugar e os objetos que irão ser utilizados para a liturgia "sejam realmente dignos e belos, sinais e símbolos das coisas divinas" (n. 288).

sagrados e os objetos destinados ao culto sejam realmente dignos e belos, sinais e símbolos das coisas divinas.[108]

[108] Cf. Concílio Ecumênico Vaticano II. Const. sobre a sagrada liturgia, *Sacrosanctum concilium*, nn. 122-124; Decr. sobre o ministério e a vida dos presbíteros, *Presbyterorum ordinis*, n. 5; S. Congr. dos Ritos. Instr. *Inter oecumenici*, n. 90, 26 de setembro de 1964: AAS 56 (1964), p. 897; Instr. *Eucharisticum mysterium*, n. 24, 25 de maio de 1967: AAS 59 (1967), p. 554; CIC, cân. 932. § 1.

Pede-se, antes de tudo, *beleza e dignidade*, dessa vez para o edifício cúltico em geral; logo o irá pedir para cada um de seus elementos.

a) Como já o fez no capítulo VII da *Sacrosanctum concilium*, a Igreja repete, aqui, muito explicitamente (n. 289), seu "sim" à arte autêntica e ao seu importante papel na celebração litúrgica, para expressar a beleza dos mistérios que celebramos e a fé com que os celebramos. Busca o nobre serviço das artes e, ao mesmo tempo, reafirma sua atitude de abertura a todas as formas de verdadeira arte das diversas culturas, conservando as criações artísticas de outros séculos, adaptando-as às novas sensibilidades e promovendo novas formas adaptadas a cada tempo. Isso sim, quer que se busque uma "verdadeira qualidade artística, para que alimentem a fé e a piedade e correspondam ao seu verdadeiro significado e ao fim a que se destinam". Repetirá os mesmos pensamentos no n. 325, no capítulo seguinte.

b) O Missal não busca, certamente, a qualidade estética em si mesma, mas, sobretudo, para que também, desse modo, se favoreça o que é a finalidade principal de toda a liturgia: que a comunidade cristã participe mais profundamente no mistério, em sintonia com os valores espirituais. A beleza ajuda a celebrar melhor, para "prestar-se à ativa participação dos fiéis" (n. 288) e "assegurar a educação dos fiéis e a dignidade de todo o local sagrado" (n. 292), que "a natureza e beleza do local e de todas as alfaias alimentem a piedade dos fiéis e manifestem a santidade dos mistérios celebrados" (n. 294), "procure-se [...] favorecer a piedade de toda a comunidade e a beleza e a dignidade das imagens" (n. 318); "portanto, nos programas propostos aos artistas, bem como na seleção de obras a serem admitidas na igreja, procure-se uma verdadeira qualidade artística, para que alimentem a fé e a piedade" (n. 289).

289. Por isso, a Igreja não cessa de solicitar a nobre contribuição das artes e admite as expressões artísticas de todos os povos e regiões.[109] Ainda mais, assim como se esforça por conservar as obras e tesouros artísticos legados pelos séculos precedentes[110] e, na medida do necessário, adaptá-los às novas

[109] Cf. Concílio Ecumênico Vaticano II. Const. sobre a sagrada liturgia, *Sacrosanctum concilium*, n. 123.

[110] Cf. S. Congr. dos Ritos. Instr. *Eucharisticum mysterium*, n. 24, 25 de maio de 1967: AAS 59 (1967), p. 554.

c) Dizer que a igreja deve ser bela não significa que se busque "o esplendor faustoso" ("pompam"), mas sim muito mais uma "nobre simplicidade" ("nobilem simplicitatem", n. 292). É uma orientação que se repetirá várias vezes. No n. 325, convida-se a buscar "a nobre simplicidade que se coaduna, perfeitamente, com a verdadeira arte". Essa nobre simplicidade está feita de autenticidade, "a verdade das coisas", e deve "contribuir para a dignidade de todo o lugar sagrado" (n. 292). Não faz mal que sejam utilizados materiais de grande valor: basta que haja uma ordem e uma harmonia interior. A dignidade e a beleza consistem, às vezes, sensivelmente, como se afirma falando do edifício, em "uma proporcionada ordem de todas as suas partes" (n. 294). A discrição e a moderação são, também, elementos que contribuem para uma beleza serena: "Na ornamentação do altar, observe-se moderação... a ornamentação com flores seja sempre moderada" (n. 305); os candelabros que são colocados junto ao altar devem formar com ele "uma harmônica unidade" (n. 307); "convém que a beleza e a nobreza de cada vestimenta decorram não tanto da multiplicidade de ornatos, mas do material usado e da forma" (n. 344).

Em sua encíclica *Ecclesia de eucharistia* (2003), João Paulo II dedica os nn. 47-52 ao "decoro da celebração eucarística". Imitando os discípulos que "prepararam cuidadosamente a sala" para a última ceia com Jesus (cf. IGMR 1), o papa convida a celebrar a Eucaristia de maneira que o apreço que sentimos por ela se traduza em claros sinais externos de respeito e dignidade. Isso o aplica às várias manifestações da arte que rodeiam essa celebração (lugar, objetos, decoração, canto e música).

necessidades, também procura promover formas novas que se adaptem à índole de cada época.[111]

Portanto, nos programas propostos aos artistas, bem como na seleção de obras a serem admitidas na igreja, procure-se uma verdadeira qualidade artística, para que alimentem a fé e a piedade e correspondam ao seu verdadeiro significado e ao fim a que se destinam.[112]

290. Todas as igrejas sejam dedicadas ou ao menos abençoadas. Contudo, as igrejas catedrais e paroquiais sejam solenemente dedicadas.

291. Para edificar, reformar e dispor convenientemente os edifícios sagrados, consultem os responsáveis a Comissão Diocesana de Liturgia e Arte Sacra. O bispo diocesano recorra também ao parecer e auxílio da mesma Comissão, quando se tratar de estabelecer normas nesta matéria, de aprovar projetos de novos edifícios sagrados ou resolver questões de certa importância.[113]

292. A ornamentação da igreja deve visar mais à nobre simplicidade do que à pompa. Na escolha dessa ornamentação, cuide-se da autenticidade dos materiais e procure-se assegurar a educação dos fiéis e a dignidade de todo o local sagrado.

[111] Cf. Concílio Ecumênico Vaticano II. Const. sobre a sagrada liturgia, *Sacrosanctum concilium*, nn. 123 e 129; S. Congr. dos Ritos. Instr. *Inter oecumenici*, n. 13c , 26 de setembro de 1964: AAS 56 (1964), p. 880.

[112] Cf. Concílio Ecumênico Vaticano II. Const. sobre a sagrada liturgia, *Sacrosanctum concilium*, n. 123.

[113] Cf. ibidem, n. 126; S. Congr. dos Ritos. Instr. *Inter oecumenici*, n. 91, 26 de setembro de 1964: AAS 56 (1964), p. 898.

290. Acrescenta-se (é novo este número) que as igrejas deverão ser “dedicadas” (as catedrais e igrejas paroquiais, com um rito solene) ou ao menos “benzidas”.

291. Diz-se, também, o que compete ao bispo, com sua comissão diocesana de liturgia e arte: dar normas e aprovar a construção e adaptação de todas as igrejas.

293. Para corresponder às necessidades de nossa época, a organização da igreja e de suas dependências requer que não se tenha em vista apenas o que se refere às ações sagradas, mas também tudo o que contribua para uma justa comodidade dos fiéis, como se costuma providenciar nos lugares onde se realizam reuniões.

294. O povo de Deus, que se reúne para a missa, constitui uma assembleia orgânica e hierárquica que se exprime pela diversidade de funções e ações, conforme cada parte da celebração. Por isso, convém que a disposição geral do edifício sagrado seja tal que ofereça uma imagem da assembleia reunida, permita uma conveniente disposição de todas as coisas e favoreça a cada um exercer corretamente a sua função.

Os fiéis e o grupo dos cantores ocuparão lugares que lhes favoreçam uma participação ativa.[114]

[114] Cf. S. Congr. dos Ritos. Instr. *Inter oecumenici*, nn. 97-98, 26 de setembro de 1964: AAS 56 (1964), p. 899.

---

293. Neste número, que é novo, exige-se que as igrejas tenham não só o melhor para a ação litúrgica, "mas também tudo o que contribua para uma justa comodidade dos fiéis, como se costuma providenciar nos lugares onde se realizam reuniões", o que se refere, evidentemente, aos lavabos e sanitários que também há de considerar aqui.

294. Solicita-se, também, que a arte seja *signo e símbolo das realidades celestiais* (nn. 288.294). A beleza do lugar e dos diversos elementos da celebração "manifestem a santidade dos mistérios celebrados" (n. 294). Isso se pedirá à arquitetura, à pintura, à música, à escultura: que expressem a beleza e a santidade de Deus e das coisas sobrenaturais que se celebram.

A realidade primeira é a comunidade congregada para a missa, com sua "coerente e hierárquica ordenação" interna, com seus ministérios e suas diversas ações. O edifício "convém que seja como uma imagem da assembleia reunida" (n. 294). Não se trata só de salvar a funcionalidade, ou seja, que o espaço celebrativo "favoreça a cada um exercer corretamente a sua função", mas que a mesma disposição do lugar signifique o que a

O sacerdote celebrante, o diácono e demais ministros tomarão lugar no presbitério. Aí se prepararão as cadeiras dos concelebrantes; se, porém, seu número for grande, as cadeiras serão dispostas em outro lugar da igreja, mas próximo do altar.

Tudo isso, além de exprimir a ordenação hierárquica e a diversidade das funções, deve constituir uma unidade íntima e coerente pela qual se manifeste com evidência a unidade de todo o povo de Deus. A natureza e beleza do local e de todas as alfaias alimentem a piedade dos fiéis e manifestem a santidade dos mistérios celebrados.

II. DISPOSIÇÃO DO PRESBITÉRIO PARA A ASSEMBLEIA SAGRADA

295. O presbitério é o lugar onde se encontra localizado o altar, é proclamada a Palavra de Deus, e nele o sacerdote, o diácono e os demais ministros exercem o seu ministério. Convém

---

comunidade é teologicamente, que se ponha em destaque "a ordenação hierárquica e a diversidade das funções, deve constituir uma unidade íntima e coerente, pela qual se manifeste, com evidência, a unidade de todo o povo de Deus". Cf. o que diz o *Catecismo*: "A casa de oração... deve ser bela e adequada para a oração e as celebrações religiosas... a verdade e a harmonia dos sinais que a constituem devem manifestar o Cristo que está presente e age neste lugar" (CCE 1181; cf. CCE 2500-2503).

Mais adiante, será aplicado esse princípio de "arte como símbolo de realidades sobrenaturais" a outros elementos celebrativos.

295. Descreve o *presbitério* como o lugar próprio do altar, da proclamação da Palavra e do ministério do presidente e demais ministros; algumas dessas atribuições ao presbitério podem não ser exatas em todos os lugares, como a do ambão. Indicam-se algumas de suas qualidades, sobretudo a visibilidade e funcionalidade; antes, pedia-se que se pudessem realizar ("peragi") as celebrações; agora, que, além disso, possam ser vistas bem

que se distinga do todo da igreja por alguma elevação ou por especial estrutura e ornato. Seja bastante amplo para que a celebração da Eucaristia se desenrole comodamente e possa ser vista por todos.[115]

O altar e sua ornamentação

296. O altar, onde se torna presente o sacrifício da cruz sob os sinais sacramentais, é também a mesa do Senhor na qual o povo de Deus é convidado a participar por meio da missa; é ainda o centro da ação de graças que se realiza pela Eucaristia.

297. A celebração da Eucaristia, em lugar destinado ao culto, deve ser feita em um altar; fora do lugar sagrado, pode realizar-se sobre uma mesa apropriada, sempre, porém, com toalha e corporal, cruz e castiçais.

[115] Cf. ibidem, n. 91: AAS 56 (1964), p. 898.

(“et conspici”). A palavra “synaxis”, que usa o texto latino no título desse ponto, é muito clássica, porém fizeram bem em traduzi-la, finalmente, como “assembleia sagrada”, que é o que significa.

296-308. São dedicados a falar do *altar e de sua ornamentação*:

a) indica-se, antes de tudo (n. 296), sua variada significação: é a “ara” na qual se realiza o memorial do sacrifício da cruz, a “mesa” na qual o Senhor nos convida à refeição eucarística de seu corpo e sangue, e “o centro da ação de graças” deste sacramento; no n. 304, repete-se que se celebra sobre o altar o memorial do Senhor e o banquete eucarístico, por isso se coloca sobre ele uma toalha;

b) o significado cristológico do altar, que desenvolve mais o *Ritual da dedicação* das igrejas, põe-se, também aqui, em relevo: o altar, sobretudo se é fixo, “significa de modo mais claro e permanente Jesus Cristo, Pedra viva”(n. 298); nas igrejas novas, o altar é “conveniente”

298. Convém que em toda igreja exista um altar fixo, que significa de modo mais claro e permanente Jesus Cristo, Pedra viva (1Pd 2,4; cf. Ef 2,20); nos demais lugares dedicados às sagradas celebrações, o altar pode ser móvel.

Chama-se altar fixo quando é construído de tal forma que esteja unido ao pavimento, e não possa ser removido; móvel, quando pode ser removido.

299. O altar-mor seja construído afastado da parede, a fim de ser facilmente circundado e nele se possa celebrar de frente para o povo, o que convém fazer em toda parte onde for possível. O altar ocupe um lugar que seja de fato o centro para onde espontaneamente se volte a atenção de toda a assembleia dos fiéis.[116] Normalmente seja fixo e dedicado.

300. Tanto o altar fixo como o móvel seja dedicado conforme o rito apresentado no Pontifical romano; contudo, o altar móvel pode também ser apenas abençoado.

301. Segundo tradicional e significativo costume da Igreja, a mesa do altar fixo seja de pedra, e de pedra natural. Contudo, pode-se também usar outro material digno, sólido e esmeradamente trabalhado, a juízo da conferência dos bispos. Os pés ou a base de sustentação da mesa podem ser feitos de qualquer material, contanto que digno e sólido.

[116] Cf. ibidem.

("praestat") que seja único, "que na assembleia dos fiéis signifique um só Cristo e uma só Eucaristia da Igreja" (n. 303, novo); antes, havia nas igreja numerosos "altares laterais", que agora perdem significação;

c) há de ressaltar a dignidade do altar; ordinariamente é "fixo" e dedicado (segundo o rito do pontifical); deve constituir "um lugar que seja de fato o centro para onde, espontaneamente, se volte a atenção de toda a assembleia dos fiéis" (n. 299), e convém que esteja separado da parede, para que se possa celebrar a Eucaristia "de frente para o povo, que é melhor" ("quod expedit ubicumque possibile sit"), enquanto antes — até o Missal de Paulo VI — celebrava-se de costas para o povo;

O altar móvel pode ser construído de qualquer material nobre e sólido, condizente com o uso litúrgico e de acordo com as tradições e costumes das diversas regiões.

302. Se for oportuno, mantenha-se o uso de depositar sob o altar a ser dedicado relíquias de santos, ainda que não sejam mártires. Cuide-se, porém, de verificar a autenticidade de tais relíquias.

303. Nas novas igrejas a serem construídas, convém erigir um só altar, que na assembleia dos fiéis signifique um só Cristo e uma só Eucaristia da Igreja.

Contudo, nas igrejas já construídas, quando o altar antigo estiver colocado de tal maneira que torne difícil a participação do povo, e não puder ser transferido sem detrimento de seu valor artístico, construa-se outro altar fixo com valor artístico e a ser devidamente dedicado, e somente nele se realizem as sagradas celebrações. Para não distrair a atenção dos fiéis do novo altar, o altar antigo não seja ornado de modo especial.

304. Em reverência para com a celebração do memorial do Senhor e o banquete em que se comungam o seu corpo e sangue, ponha-se sobre o altar onde se celebra ao menos uma toalha de cor branca, que combine, por seu formato, tamanho e decoração, com a forma do mesmo altar.

---

se não se pôde suprimir o altar antigo, este deverá estar sem adornos, destacando o novo ("construído artisticamente") como centro da atenção e da celebração (n. 303);

d) quanto ao material de sua construção, prefere-se a pedra natural, ainda que as conferências dos bispos possam admitir, também, outro material que seja "digno, sólido e bem trabalhado", "segundo as diversas tradições e costumes dos povos" (n. 301); cf. o que dirá no n. 326 sobre os materiais litúrgicos em geral;

e) os elementos de ornamentação do altar, dos quais havia falado já no n. 117, são uma toalha (branca, segundo o n. 304, repetindo o que dizia o n. 117), as flores (com discrição no Advento e sem elas na Quaresma:

305. Na ornamentação do altar observe-se moderação. No tempo do Advento se ornamente o altar com flores com moderação tal que convenha à índole desse tempo, sem, contudo, antecipar aquela plena alegria do Natal do Senhor. No tempo da Quaresma é proibido ornamentar com flores o altar. Excetuam-se, porém, o domingo *Laetare* (IV na Quaresma), solenidades e festas.

A ornamentação com flores seja sempre moderada e, ao invés de se dispor o ornamento sobre o altar, de preferência seja colocado junto a ele.

306. Sobre a mesa do altar podem ser colocadas somente aquelas coisas que se requerem para a celebração da missa, ou seja, o Evangeliário, do início da celebração até a proclamação do Evangelho; desde a apresentação das oferendas até a purificação dos vasos sagrados, o cálice com a patena, o cibório, se necessário, e, finalmente, o corporal, o sanguinho, a pala e o Missal.

---

n. 305), os candelabros (que, segundo o n. 307, são "expressão de veneração ou de celebração festiva", ainda que não se fale da progressiva solenização com o número de candelabros, de que falava o n. 117) e a cruz, que está sobre o altar ou junto a ele, com a "imagem de Cristo crucificado"; sua proximidade do altar traz sempre aos fiéis "a recordação da Paixão salvífica do Senhor" (n. 308; o da imagem do Crucificado repete-se nos nn. 117 e 122);

f) quanto à ornamentação do altar, destaca a insistência com que afirma que deve ser "moderada" (três vezes no n. 305, que é novo); aplica esta moderação às flores (que prefere que sejam postas em torno do altar, mais do que sobre ele: n. 305), aos diversos objetos que são colocados sobre o altar (somente o que se requer para a celebração e, de um modo discreto, os aparelhos que possam ajudar a amplificar a voz do sacerdote: n. 306, novo), e aos candelabros (que diz que ficam situados ou sobre o altar ou junto dele: em latim, "aut super altare aut circa ipsum". Se possível, haverá de prescindir das almofadas ou

Além disso, se disponham de modo discreto os aparelhos que possam ajudar a amplificar a voz do sacerdote.

307. Os castiçais requeridos pelas ações litúrgicas para manifestarem a reverência e o caráter festivo da celebração (cf. n. 117) sejam colocados, como parecer melhor, sobre o altar, ou junto dele, levando em conta as proporções do altar e do presbitério, de modo a formarem um conjunto harmonioso e que não impeça os fiéis de verem aquilo que se realiza ou se coloca sobre o altar.

308. Haja também sobre o altar ou perto dele uma cruz com a imagem do Cristo crucificado que seja bem visível para o povo reunido. Convém que tal cruz, que serve para recordar aos fiéis a Paixão salutar do Senhor, permaneça junto ao altar também fora das celebrações litúrgicas.

O ambão

309. A dignidade da Palavra de Deus requer na igreja um lugar condigno de onde possa ser anunciada e para onde se volte espontaneamente a atenção dos fiéis no momento da liturgia da Palavra.[117]

[117] Cf. S. Congr. dos Ritos. Instr. *Inter oecumenici*, n. 96, 26 de setembro de 1964: AAS 56 (1964), p. 899.

---

estantes para colocar o Missal sobre o altar, a não ser por problemas de visão. Antes, quando no mesmo livro litúrgico estavam também as leituras bíblicas, talvez fosse mais coerente rodeá-lo de sinais de respeito.

309. O *ambão* deve ser sinal, como o exige a dignidade da Palavra de Deus, se possível estável, situado de modo que "os leitores possam ser vistos e ouvidos facilmente pelos fiéis".

Antes, afirmava-se que o ambão era um lugar reservado para a proclamação da Palavra. Agora, em latim "locus congruus", foi traduzido por "lugar condigno". Afirma-se que do ambão "somente" são proclamadas as leituras bíblicas, o salmo responsorial, que também é bíblico, e o precônio pascal.

De modo geral, convém que esse lugar seja uma estrutura estável e não uma simples estante móvel. O ambão seja disposto de tal modo em relação à forma da igreja que os ministros ordenados e os leitores possam ser vistos e ouvidos facilmente pelos fiéis.

Do ambão são proferidos somente as leituras, o salmo responsorial e o precônio pascal; também se podem proferir a homilia e as intenções da oração universal ou oração dos fiéis.* A dignidade do ambão exige que a ele suba somente o ministro da Palavra.

Convém que o novo ambão seja abençoado antes de ser destinado ao uso litúrgico, conforme o rito proposto no Ritual Romano.[118]

118 Cf. Ritual Romano. *Ritual de bênçãos*, ed. típica para o Brasil, 1990, *Bênção de novo ambão*, nn. 900-918.

* Podem ser realizados no ambão outros anúncios indicados nos respectivos livros litúrgicos, como, por exemplo, o anúncio da Páscoa e das festas móveis e a leitura das Letras Apostólicas (cf. Cerimonial dos Bispos, n. 1143).

Esses momentos são os mais normais. Enquanto se permite ("também se podem") proferir nele a homilia e as intenções da oração universal. Seria melhor que se reservasse o ambão para a proclamação do que Deus nos diz, utilizando para as outras palavras outro lugar: a homilia, na cadeira ou sede; e as intenções da oração universal, em outro lugar apto. Por isso o mesmo n. 309, em um parágrafo novo de 2002, diz, claramente, que "a dignidade do ambão exige que a ele suba somente o ministro da Palavra". Na edição anterior, afirmava-se que "é menos conveniente que ocupem o ambão o comentarista, o cantor ou o diretor de coro" (IGMR 272, anterior).

310. A *cadeira* do sacerdote "deve manifestar a sua função de presidir a assembleia e dirigir a oração". É a diferença que há entre a cadeira atual (única) e as três que se usavam antes nas missas solenes; destas, nunca se "dirigia a oração", nem o sacerdote "presidia" a assembleia, a não ser que fosse até elas, acompanhado pelo diácono e o subdiácono, enquanto durava o canto do *Glória* e do *Creio* ou o sermão do pregador. O restante, fazia-se do altar.

Para que a cadeira cumpra a sua função, deve estar "de frente para o povo" (antes, as cadeiras estavam de lado), de modo que resulte fácil a

A cadeira para o sacerdote celebrante e outras cadeiras

310. A cadeira do sacerdote celebrante deve manifestar a sua função dele de presidir a assembleia e dirigir a oração. Por isso, o lugar mais apropriado para essa cadeira é de frente para o povo no fundo do presbitério, a não ser que a estrutura do edifício sagrado ou outras circunstâncias o impeçam, por exemplo, se a demasiada distância torna difícil a comunicação entre o sacerdote e a assembleia, ou se o tabernáculo ocupar o centro do presbitério atrás do altar. Evite-se toda espécie de trono.[119] Antes de ser destinada ao uso litúrgico, convém que se faça a bênção da cadeira da presidência segundo o rito descrito no Ritual Romano.[120]

Disponham-se também no presbitério cadeiras para os sacerdotes concelebrantes, bem como para presbíteros que, revestidos de veste coral, participem da concelebração, sem que concelebrem.

A cadeira para o diácono esteja junto da cadeira do celebrante. Para os demais ministros, as cadeiras sejam dispostas de modo que se distingam claramente das cadeiras do clero e eles possam exercer com facilidade a função que lhes é confiada.[121]

[119] Cf. S. Congr. dos Ritos. Instr. *Inter oecumenici,* n. 92, 26 de setembro de 1964: AAS 56 (1964), p. 898.

[120] Cf. Ritual Romano. *Ritual de bênçãos,* ed. típica para o Brasil, 1990, *Bênção de nova cátedra ou cadeira de presidência,* nn. 880-899.

[121] Cf. S. Congr. dos Ritos. Instr. *Inter oecumenici,* n. 92, 26 de setembro de 1964: AAS 56 (1964), p. 898.

---

comunicação visual entre o sacerdote e a assembleia. Seu lugar concreto no presbitério depende das distâncias, da situação do sacrário ou de outras circunstâncias. Isso, sim, se tem de distinguir bem: a cadeira do presidente dos outros assentos que possa haver para os ministros, incluídos os concelebrantes e o diácono. As outras cadeiras, pode-se dizer que são funcionais, enquanto a do presidente é, ademais, simbólica de seu papel de representante de Cristo e ministro eclesial da comunidade reunida. Cf., também, o n. 50 e seu comentário.

III. A DISPOSIÇÃO DA IGREJA

O lugar dos fiéis

311. Disponham-se os lugares dos fiéis com todo cuidado, de sorte que possam participar devidamente das ações sagradas com os olhos e o espírito. Convém que haja habitualmente para eles bancos ou cadeiras, mas reprova-se o costume de reservar lugares para determinadas pessoas.[122] Sobretudo nas novas igrejas que são construídas, disponham-se os bancos ou as cadeiras de tal forma que os fiéis possam facilmente assumir as posições requeridas pelas diferentes partes da celebração e aproximar-se sem dificuldade da sagrada comunhão.

Cuide-se que os fiéis possam não só ver o sacerdote, o diácono ou os leitores, como também, graças aos instrumentos técnicos modernos, ouvi-los com facilidade.

O lugar do grupo de cantores e dos instrumentos musicais

312. O grupo dos cantores, segundo a disposição de cada igreja, deve ser colocado de tal forma que se manifeste claramente

[122] Cf. Concílio Ecumênico Vaticano II. Const. sobre a sagrada liturgia, *Sacrosanctum concilium*, n. 32.

311. É importante, em uma igreja, *o lugar dos fiéis*, porque a comunidade inteira tem de participar, do melhor modo possível, "das ações sagradas com os olhos e o espírito", assim como nas melhores condições de audição. Funcionalmente, o lugar dos fiéis deve ser pensado de modo que lhes sejam facilmente realizáveis as diversas posturas e movimentos da celebração, como, por exemplo, a procissão para a comunhão. Aqui se recorda, também, que "se reprova o costume de reservar lugares para determinadas pessoas".

312-313. Também deve cuidar-se do lugar *do grupo de cantores e dos instrumentos musicais*. Esses ministros têm uma dupla faceta na celebração: por uma parte, são membros da comunidade e deve resultar-lhes fácil celebrar (ver, escutar, participar e — repete-se o que havia sido dito no n. 86 — também comungar, se o desejam) e, por outra, exercem na missa, com

sua natureza, isto é, que faz parte da assembleia dos fiéis, onde desempenha um papel particular; que a execução de sua função se torne mais fácil; e possa cada um de seus membros facilmente obter uma participação plena na missa, ou seja, participação sacramental.[123]

313. O órgão e outros instrumentos musicais legitimamente aprovados sejam colocados em tal lugar que possam sustentar o canto do grupo de cantores e do povo e ser facilmente ouvidos, quando tocados sozinhos.

Convém que o órgão seja abençoado antes de ser destinado ao uso litúrgico, segundo o rito descrito no Ritual Romano.[124]

No tempo do Advento, o órgão e outros instrumentos musicais sejam usados com moderação tal que convenha à índole desse tempo, sem, contudo, antecipar aquela plena alegria do Natal do Senhor.

No tempo da Quaresma, o toque do órgão e dos outros instrumentos é permitido somente para sustentar o canto. Excetuam-se, porém, o domingo *Laetare* (IV na Quaresma), as solenidades e as festas.

O lugar de conservação da Santíssima Eucaristia

314. De acordo com a estrutura de cada igreja e os legítimos costumes locais, o Santíssimo Sacramento seja conservado em

[123] Cf. S. Congr. dos Ritos. Instr. *Musicam sacram,* n. 23, 5 de março de 1967: AAS 59 (1967), p. 307.

[124] Cf. Ritual Romano. *Ritual de bênçãos,* ed. típica do Brasil, 1990, Bênção de órgão, nn. 1052-1067.

---

seu canto e sua música, um ministério que se lhes tem de tornar possível realizar bem no lugar onde se situam, de modo que se os ouça comodamente. O ministério do canto e a música na celebração haviam sido descritos já nos nn. 103-104. Acrescentou-se, agora (2002), em que épocas do ano litúrgico deve ser diminuído o uso dos instrumentos.

314-317. Segundo estes números, em grande parte novos, tomados da instrução *Eucharisticum mysterium*, de 1967, do *Ritual do culto*, de 1973, e do Código de Direito Canônico, de 1983, o sacrário:

um tabernáculo, colocado em lugar de honra na igreja, suficientemente amplo, visível, devidamente decorado e que favoreça a oração.[125]

Normalmente o tabernáculo seja único, inamovível, feito de material sólido e inviolável não transparente, e fechado de tal modo que se evite ao máximo o perigo de profanação.[126] Convém, além disso, que seja abençoado antes de ser destinado ao uso litúrgico, segundo o rito descrito no Ritual Romano.[127]

315. Em razão do sinal, é mais conveniente que no altar em que se celebra a missa não haja tabernáculo onde se conserva a Santíssima Eucaristia.[128]

É preferível, pois, a juízo do bispo diocesano, colocar o tabernáculo:

[125] Cf. S. Congr. dos Ritos. Instr. *Eucharisticum mysterium,* n. 54, 25 de maio de 1967: AAS 59 (1967), p. 568; Instr. *Inter oecumenici,* n. 95, 26 de setembro de 1964: AAS 56 (1964), p. 898.

[126] Cf. S. Congr. dos Ritos. Instr. *Eucharisticum mysterium,* n. 52, 25 de maio de 1967: AAS 59 (1967), p. 568; Instr. *Inter oecumenici,* n. 95, 26 de setembro de 1964: AAS 56 (1964), p. 898; S. Congr. dos Sacramentos. Instr. *Nullo umquam tempore,* n. 4, 28 de maio de 1938; AAS 30 (1938), pp. 199-200; Ritual Romano. A *sagrada comunhão e o culto do mistério eucarístico fora da missa,* ed. típica para o Brasil, 1975, nn. 10-11; CIC, cân. 938, § 3.

[127] Cf. Ritual Romano. *Ritual de bênçãos,* ed. típica para o Brasil, 1990, *Bênção de novo tabernáculo eucarístico,* nn. 919-929.

[128] Cf. S. Congr. dos Ritos. Instr. *Eucharisticum mysterium,* n. 55, 25 de maio de 1967: AAS 59 (1967), p. 569.

---

a) deve situar-se em uma parte da igreja, "colocado em lugar de honra na igreja, suficientemente amplo, visível, devidamente decorado e que favoreça a oração", porque sua finalidade, depois da celebração, é favorecer a oração pessoal dos fiéis;

b) há de ser "único, inamovível, feito de material sólido e inviolável não transparente, e fechado de tal modo que se evite ao máximo o perigo de profanação";

c) sobre o lugar em que se situa, não é conveniente que esteja sobre o altar em que se celebra ("em razão de sinal", porque o sacrário tem importância "depois" da missa) e pode estar no presbitério ou também em uma "capela do Santíssimo" que seja "apropriada para a adoração

a) no presbitério, fora do altar da celebração, na forma e no lugar mais convenientes, não estando excluído o altar antigo que não mais é usado para a celebração (n. 303);

b) ou também em uma capela apropriada para a adoração e oração privada dos fiéis,[129] que esteja organicamente ligada com a igreja e visível aos fiéis.

316. Conforme antiga tradição, mantenha-se perenemente acesa uma lâmpada especial junto ao tabernáculo, alimentada por óleo ou cera, pela qual se indique e se honre a presença de Cristo.[130]

317. Além disso, de modo algum se esqueça de tudo o mais que se prescreve, segundo as normas do Direito, sobre a conservação da Santíssima Eucaristia.[131]

As imagens sagradas

318. Na liturgia terrena, a Igreja, antegozando, participa da liturgia celeste, que se celebra na cidade santa de Jerusalém, para a qual, peregrina, se encaminha, onde Cristo está sentado

[129] Cf. ibidem, n. 53: AAS 59 (1967), p. 568; Ritual Romano. *A sagrada comunhão e o culto eucarístico fora da missa*, ed. típica para o Brasil, 1975, n. 9; CIC, cân. 938, § 2; João Paulo II. Carta *Dominicae cenae*, n. 3, 24 de fevereiro de 1980: AAS 72 (1980), pp. 117-119.

[130] Cf. CIC, cân. 940; S. Congr. dos Ritos. Instr. *Eucharisticum mysterium*, n. 57, 25 de maio de 1967: AAS 59 (1967), p. 569; cf. Ritual Romano. *A sagrada comunhão e o culto eucarístico fora da missa*, ed. típica para o Brasil, 1975, n. 11.

[131] Cf., particularmente, S. Congr. dos sacramentos. Instr. *Nullo umquam tempore*, 28 de maio de 1938: AAS 30 (1938), pp. 198-207; CIC, cân. 934-944.

---

e oração privada dos fiéis"; repete-se que ele seja visível aos fiéis; essas orientações obrigarão a revisar a remodelação das igrejas antigas;

d) a lâmpada junto ao sacrário, "pela qual se indica e se honra a presença de Cristo" (n. 316), deve estar "alimentada por óleo ou cera"; os documentos citados não mandavam que necessariamente fosse de azeite ou de cera.

318. O último número do capítulo, em grande parte novo, é dedicado às imagens sagradas.

à direita de Deus e, venerando a memória dos santos, espera fazer parte da sociedade deles.[132]

Por isso, segundo antiquíssima tradição da Igreja, as imagens do Senhor, da bem-aventurada Virgem Maria e dos santos sejam legitimamente apresentadas à veneração dos fiéis nos edifícios sagrados[133] e sejam aí dispostas de tal modo que conduzam os fiéis aos mistérios da fé que ali se celebram. Por isso, cuide-se que o seu número não aumente desordenadamente, e sua disposição se faça na devida ordem, a fim de não desviarem da própria celebração a atenção dos fiéis.[134] Normalmente, não haja mais de uma imagem do mesmo santo. De modo geral, procure-se na ornamentação e disposição da igreja, quanto às imagens, favorecer a piedade de toda a comunidade e a beleza e a dignidade das imagens.

132 Cf. Concílio Ecumênico Vaticano II. Const. sobre a sagrada liturgia, *Sacrosanctum concilium*, n. 8.

133 Cf. Pontifical Romano. *Ritual da dedicação de igreja e de altar,* 1983, cap. IV, n. 10; Ritual Romano. *Ritual de bênçãos*, 1990, *Bênção de imagens que são colocadas à veneração pública dos fiéis,* nn. 984-1031.

134 Cf. Concílio Ecumênico Vaticano II. Const. sobre a sagrada liturgia, *Sacrosanctum concilium*, n. 125.

As imagens sagradas de Cristo, da Virgem e dos santos, antes de tudo, têm razão de ser pela projeção escatológica da comunidade cristã e de sua celebração; já estamos experimentando, antecipadamente, a liturgia do céu, à qual caminhamos como peregrinos, com a esperança de ser admitidos em sua assembleia.

A finalidade dessas imagens é que "conduzam os fiéis aos mistérios da fé que ali se celebram". Além de recomendar a moderação em seu número e que "sua disposição seja feita na devida ordem", pede dignidade e beleza nelas, para que colaborem com a fé da comunidade: "Procure-se... favorecer a piedade de toda a comunidade e a beleza e a dignidade das imagens". Parece ressoar a citação de São João Damasceno que traz o Catecismo: "A beleza e a cor das imagens estimulam minha oração: é uma festa para meus olhos..." (CCE 1162; cf. também SC, n. 125).

Não diz, aqui, o que dirá no corpo do Missal: que no quinto domingo da Quaresma pode-se seguir, a juízo das conferências dos bispos, o costume de cobrir as imagens: a cruz, até o final da celebração da Sexta-feira Santa, e as outras imagens, até a vigília pascal.

CAPÍTULO VI

REQUISITOS PARA A CELEBRAÇÃO DA MISSA

I. O PÃO E O VINHO PARA A CELEBRAÇÃO DA EUCARISTIA

319. Seguindo o exemplo de Cristo, a Igreja sempre utilizou pão e vinho com água para celebrar o banquete do Senhor.

320. O pão para a celebração da Eucaristia deve ser de trigo sem mistura, recém-feito e ázimo, conforme antiga tradição da Igreja latina.

319-324. Sobre *o pão e o vinho*, que, seguindo o exemplo de Cristo, foram sempre a matéria central desse sacramento, são apresentadas diversas normas nestes números:

a) do pão se diz que tem de ser de trigo (não, por exemplo, de arroz ou de milho), fabricado recentemente e, segundo a tradição da Igreja latina (que remonta ao século IX), ázimo, ou seja, sem fermento. Os cristãos orientais mantiveram a tradição que havia sido geral até esse século: pão normal, não ázimo, ainda que naturalmente estilizado quanto à sua forma e ao seu tamanho; não se expressa, talvez por respeito aos orientais, a motivação de por que esse pão há de ser ázimo, como o é o que comem os judeus na semana de Páscoa; cf. o Código de Direito Canônico, cân. 924;

321. A verdade do sinal exige que a matéria da celebração eucarística pareça realmente um alimento. Convém, portanto, que, embora ázimo e com a forma tradicional, seja o pão eucarístico de tal modo preparado que o sacerdote, na missa com povo, possa de fato partir a hóstia em diversas partes e distribuí-las ao menos a alguns dos fiéis. Não se excluem, porém, as hóstias pequenas, quando assim o exigirem o número dos comungantes e outras razões pastorais. O gesto, porém, da fração do pão, que por si só designava a Eucaristia nos tempos apostólicos, manifestará mais claramente o valor e a importância do sinal da unidade de todos em um só pão e da caridade fraterna, pelo fato de um único pão ser repartido entre os irmãos.

322. O vinho para a celebração eucarística deve ser de uva (cf. Lc 22,18), natural e puro, isto é, sem mistura de substâncias estranhas.

b) diz-se, também, que o pão eucarístico, por razão de sinal da comida, deve "parecer realmente um alimento"; se Cristo quis ser nosso alimento, é lógico que o sinal sacramental dessa doação seja o mais parecido possível ao alimento corporal;

c) o pão da Eucaristia deveria ser "pão partido"; da fração do pão já haviam falado os nn. 72 e 83; agora (n. 321), continua motivando a importância desse gesto, que "por si só designava a Eucaristia nos tempos apostólicos" e que não se faz por uma necessidade "prática" (como o pão que partimos em nossas refeições), mas por um "simbolismo": diz-se que, assim, "manifestará mais claramente o valor e a importância do sinal da unidade de todos num só pão e da caridade fraterna, pelo fato de um único pão ser repartido entre os irmãos"; recomenda essa fração até quanto à hóstia grande do sacerdote, que ele fará bem em compartilhar com os primeiros fiéis que comungam; não se excluem as hóstias pequenas "quando assim o exigirem o número dos comungantes e outras razões pastorais", porém é mais expressivo

323. Cuide-se atentamente para que o pão e o vinho destinados à Eucaristia sejam conservados em perfeito estado, isto é, que o vinho não azede nem o pão se corrompa ou se torne demasiado duro, difícil de partir.

324. Se depois da consagração ou quando vai comungar, o sacerdote percebe que no cálice não foi colocado vinho, mas água, derrame a água em algum recipiente, coloque vinho com água no cálice, consagrando-o com a parte da narração da instituição correspondente à consagração do cálice, sem ser obrigado a consagrar novamente o pão.

II. AS SAGRADAS ALFAIAS EM GERAL

325. Como na construção de igrejas, também em relação a todas as alfaias, a Igreja admite as expressões artísticas de cada região, aceitando adaptações que concordem com a índole e as tradições de cada povo, contanto que tudo corresponda devidamente ao uso a que se destinam as alfaias.[135]

[135] Cf. Concílio Ecumênico Vaticano II. Const. sobre a sagrada liturgia, *Sacrosanctum concilium*, n. 128.

---

do mistério eucarístico que cada fiel receba "pão partido"; cf. o comentário no n. 83 a uma certa "relativização" que se nota em torno desse gesto simbólico da fração;

d) do vinho se diz que deve ser "misturado com água", como era, não só por costume mas por necessidade, nos primeiros séculos, pela alta graduação alcoólica do vinho; também, que deve ser "de uva", puro e natural, sem mistura de substâncias estranhas (n. 322);

e) recomenda o cuidado sobre o pão e o vinho, para que não se corrompam, fazendo-se inservíveis como sinal da Eucaristia; também dá normas para quando houver esquecimento ou defeito no uso do pão e do vinho na Eucaristia.

Não se diz nada, na legislação atual, sobre duas situações especiais em torno do pão e do vinho: a dos celíacos e a dos alcoólicos.

Também neste ponto cuide-se atentamente de obter a nobre simplicidade que se coadune perfeitamente com a verdadeira arte.

326. Na escolha dos materiais para as alfaias, admitem-se igualmente, além dos tradicionais, aqueles que são considerados nobres pela mentalidade atual, são duráveis e se prestam bem para o uso sagrado. Compete à conferência dos bispos de cada região decidir a esse respeito (cf. n. 390).

III. OS VASOS SAGRADOS

327. Entre as coisas necessárias para a celebração da missa, honram-se especialmente os vasos sagrados e, entre eles, o cálice e a patena, onde se oferecem, consagram e consomem o vinho e o pão.

328. Os vasos sagrados sejam feitos de metal nobre. Se forem de metal oxidável ou menos nobres do que o ouro, sejam normalmente dourados por dentro.

329. A juízo da conferência dos bispos, com aprovação da Sé Apostólica, os vasos sagrados podem ser feitos também de outros materiais sólidos e considerados nobres em cada região, por exemplo, o ébano ou outras madeiras mais duras, contanto

---

325-326. Falam das *alfaias sagradas*, aceitando para elas os estilos artísticos de cada região, "que corresponda, devidamente, ao uso a que se destinam" e estejam dotadas da "nobre simplicidade" de que havia falado várias vezes. Sobre a confecção desses utensílios, deixa liberdade às conferências dos bispos para que escolham materiais que sejam "nobres e sólidos, condizentes com o uso litúrgico", coisa que também se aplica ao material do altar (n. 301).

327-334. Tratam dos *vasos sagrados* que se usam na celebração eucarística, entre os quais sobressaem o cálice e a patena.

328-329. Quase que totalmente novos, regulam sua confecção: "Com metal nobre", dourados por dentro se são de metal menos nobre que o ouro;

que convenham ao uso sagrado. Nesse caso, prefiram-se sempre materiais que não se quebrem nem se alterem facilmente. Isso vale para todos os vasos destinados a receber as hóstias, como patena, cibório, teca, ostensório e outros do gênero.

330. Os cálices e outros vasos destinados a receber o sangue do Senhor tenham a copa feita de matéria que não absorva líquido. O pé pode ser feito de outro material sólido e digno.

331. Para consagrar as hóstias é conveniente usar uma patena de maior dimensão, onde se coloca tanto o pão para o sacerdote e o diácono como para os demais ministros e fiéis.

332. Quanto à forma dos vasos sagrados, o artista tem a liberdade de confeccioná-los de acordo com os costumes de cada região, contanto que se coadunem com o uso litúrgico a que são destinados e se distingam claramente daqueles destinados ao uso cotidiano.

333. Quanto à bênção dos vasos sagrados, observem-se os ritos prescritos nos livros litúrgicos.[136]

334. Conserve-se o costume de construir na sacristia uma pia, em que se lance a água da purificação dos vasos sagrados e da lavagem das toalhas de linho (cf. n. 280).

[136] Cf. Pontifical Romano. *Ritual da dedicação de igreja e de altar,* 1983, *Rito da bênção de cálice e de patena*; Ritual Romano. *Ritual de bênçãos,* 1990, *Bênção de objetos utilizados nas celebrações litúrgicas,* nn. 1068-1084.

---

ou de "outros materiais sólidos e considerados nobres em cada região", a juízo das conferências dos bispos; que não se quebrem ou se alterem facilmente; de materiais, no caso dos cálices, que não absorvam líquidos; e distintos dos vasos destinados ao uso ordinário. No n. 329, dizia-se no texto latino anterior que o material podia ser "ebure", de marfim, porém agora (2000 e 2002) diz que de "ebeno", ou seja, de ébano, e acrescenta, ademais, "ou outras madeiras mais duras" ("vel aliis lignis durioribus").

334. Fala-se, finalmente, do antigo costume da "piscina" (em latim, "sacrarium") situada na sacristia, onde se derrama a água das abluções (já havia

IV. AS VESTES SAGRADAS

335. Na Igreja, que é o corpo de Cristo, nem todos os membros desempenham a mesma função. Esta diversidade de funções na celebração da Eucaristia manifesta-se exteriormente pela diversidade das vestes sagradas, que por isso devem ser um sinal da função de cada ministro. Importa que as próprias vestes sagradas contribuam também para a beleza da ação sagrada. As vestes usadas pelos sacerdotes, os diáconos, bem como pelos ministros leigos, são oportunamente abençoadas antes que sejam destinadas ao uso litúrgico, conforme o rito descrito no Ritual Romano.[137]

336. A alva é a veste sagrada comum a todos os ministros ordenados e instituídos de qualquer grau; ela será cingida à cintura pelo cíngulo, a não ser que o seu feitio o dispense. Antes de vestir a alva, põe-se o amito, caso ela não encubra

[137] Cf. Ritual Romano. *Ritual de bênçãos*, 1990, *Bênção de objetos utilizados nas celebrações litúrgicas,* n. 1070.

---

falado dela o n. 280). Cf. o que diz o *Ritual da comunhão e do culto*, de 1973, que essa água das abluções pode ter outro destino: "Vel sumat vel in locum aptum infundat", "ou a beba ou a jogue em um lugar adequado".

335-347. Há mais números que se dedicam às *vestes sagradas*. Cf. o comentário ao n. 105. A terminologia, na tradução brasileira, varia: às vezes, são chamados de "paramentos", como nos nn. 105 e 209, porém, teria sido melhor ater-se ao termo "vestes sagradas", como se faz nos nn. 105.114.119.120.171.209 e em todo este subtítulo dedicado a elas, tanto em latim ("sacrae vestes") como na tradução.

Não é indiferente o modo de vestir de uma pessoa, tanto na vida social como na celebração cristã. Às vezes, ainda que aqui não se fale disso, são os mesmos fiéis os que se "revestem" de um modo especial: profissões religiosas, bodas, a veste nova dos batizados, ordenações.

completamente as vestes comuns que circundam o pescoço. A alva não poderá ser substituída pela sobrepeliz, nem mesmo sobre a veste talar, quando se deve usar casula ou dalmática, ou quando, de acordo com as normas, se usa apenas a estola sem a casula ou dalmática.

337. A não ser que se disponha de outro modo, a veste própria do sacerdote celebrante, tanto na missa como em outras ações sagradas em conexão direta com ela, é a casula ou planeta sobre a alva e a estola.

338. A veste própria do diácono é a dalmática sobre a alva e a estola; contudo, por necessidade ou em celebrações menos solenes, a dalmática pode ser dispensada.

339. Os acólitos, os leitores e os outros ministros leigos podem trajar alva ou outra veste legitimamente aprovada pela conferência dos bispos em cada região (cf. n. 390).

340. A estola é colocada pelo sacerdote em torno do pescoço, pendendo diante do peito; o diácono usa a estola a tiracolo sobre o ombro esquerdo, prendendo-a do lado direito.

Aqui, refere-se aos ministros da celebração eucarística. Suas vestes não são sinais de poder ou de superioridade: são símbolos que recordam a todos, em primeiro lugar a eles mesmos, que agora não estão atuando como pessoas particulares, mas como ministros "in persona Christi" e também "in persona Ecclesiae" e que, portanto, não são "donos" nem da celebração nem da comunidade, senão ministros.

Estes números oferecem normas e orientações interessantes:

a) antes de tudo (n. 335), as vestes litúrgicas servem para distinguir o ofício que na comunidade desempenha cada ministro: é lógico que o bispo, pela plenitude de ministério que tem na comunidade cristã, e o presidente da Eucaristia, que atua em nome de Cristo, revistam-se de um modo determinado;

b) também contribuem "para o decoro da mesma ação sagrada"; agora, adverte-se que a beleza e nobreza de cada veste não devem proceder tanto "da multiplicidade de ornatos, mas do material usado e da forma" (n. 344);

341. A capa ou pluvial é usada pelo sacerdote nas procissões e outra ações sagradas, conforme as rubricas de cada rito.

342. Quanto à forma das vestes sagradas, as conferências dos bispos podem definir e propor à Sé Apostólica as adaptações que correspondam às necessidades e costumes da região.[138*]

343. Na confecção das vestes sagradas, podem-se usar, além dos tecidos tradicionais, os materiais próprios de cada região e mesmo algumas fibras artificiais que se coadunem com a dignidade da ação sagrada e da pessoa, a juízo da conferência dos bispos.[139]

344. Convém que a beleza e nobreza de cada vestimenta decorram não tanto da multiplicidade de ornatos, mas do material usado e da forma. Os ornatos apresentem figuras ou imagens ou, então, símbolos que indiquem o uso sagrado, excluindo-se os que não se prestam bem a esse uso.

345. As diferentes cores das vestes sagradas visam manifestar externamente o caráter dos mistérios celebrados e também

[138] Cf. Concílio Ecumênico Vaticano II. Const. sobre a sagrada liturgia, *Sacrosanctum concilium*, n. 128.

* A CNBB aprovou a substituição do conjunto alva e casula por túnica ampla, de cor neutra, com estola da cor do tempo ou da festa.

[139] Cf. Concílio Ecumênico Vaticano II. Const. sobre a sagrada liturgia, *Sacrosanctum concilium*, n. 128.

---

c) diz-se que vestes litúrgicas estão destinadas para cada ministro: a alva para todos (n. 336), a casula para o presidente (n. 337), a dalmática para o diácono (n 338), a estola para o sacerdote e o diácono (n. 340) e a capa pluvial para as procissões (n. 341); para os ministros leigos (n. 339), deixa-se a juízo das conferências dos bispos de cada região usarem a alva ou outra veste; não se fala da "alva-casula", que foi introduzida por algumas conferências dos bispos, como o foi no Brasil. Sobretudo em regiões de clima mais quente; na introdução ao Lecionário, diz-se que os leitores "podem subir ao ambão com a veste ordinária, ainda respeitando os costumes de cada lugar" (OLM 54);

a consciência de uma vida cristã que progride com o desenrolar do ano litúrgico.

346. Com relação à cor das vestes sagradas, seja observado o uso tradicional, a saber:

a) O branco é usado nos ofícios e missas do tempo pascal e do Natal do Senhor; além disso, nas celebrações do Senhor, exceto as de sua Paixão, da bem-aventurada Virgem Maria, dos Santos Anjos, dos santos não mártires, nas solenidades de Todos os Santos (1º de novembro), de São João Batista (24 de junho), nas festas de São João Evangelista (27 de dezembro), da Cátedra de São Pedro (22 de fevereiro) e da Conversão de São Paulo (25 de janeiro).

b) O vermelho é usado no Domingo da Paixão e na Sexta-feira da Semana Santa, no domingo de Pentecostes, nas celebrações da Paixão do Senhor, nas festas natalícias dos apóstolos e evangelistas e nas celebrações dos Santos Mártires.

c) O verde se usa nos ofícios e missas do tempo comum.

d) O roxo é usado no tempo do Advento e da Quaresma. Pode também ser usado nos ofícios e missas dos fiéis defuntos.

---

d) a cor das vestes (nn. 345-347) serve para expressar melhor os mistérios que se celebram ao longo do ano (é diferente a cor da Sexta-feira Santa e a da Páscoa); aqui, são enumerados os dias em que se utiliza cada cor na liturgia; não se acrescenta a motivação psicológica ou convencional que pode haver determinado essa orientação no momento atual da história; sobre as cores dá-se a norma de que "as conferências dos bispos podem determinar e propor à Sé Apostólica adaptações que correspondam às necessidades e ao caráter de cada povo" (n. 346); a letra "g" deste n. 346 estava na edição anterior, havia desaparecido na versão de 2000 e reapareceu na definitiva de 2002; ainda que agora já não se fale das vestes "douradas" que antes eram nomeadas, porém, no n. 347, admite-se, também, a "cor festiva", segundo os tipos de missas; parece algo estranho que para a festa de São João Evangelista

e) O preto pode ser usado, onde for costume, nas missas dos fiéis defuntos.

f) O rosa pode ser usado, onde for costume, nos domingos *Gaudete* (III do Advento) e *Laetare* (IV da Quaresma).

g) Em dias mais solenes podem ser usadas vestes sagradas festivas ou mais nobres, mesmo que não sejam da cor do dia.

No que se refere às cores litúrgicas, as conferências dos bispos podem determinar e propor à Sé Apostólica adaptações que correspondam às necessidades e ao caráter de cada povo.

347. As missas rituais são celebradas com a cor própria, a branca ou a festiva; as missas por diversas necessidades, com a cor própria do dia ou do tempo, ou com a cor roxa, se tiverem cunho penitencial, por exemplo, nn. 31, 33 e 38; as missas votivas, com a cor que convém à missa a ser celebrada, ou também com a cor própria do dia ou do tempo.

determine-se o branco na letra "a", e o vermelho na letra "b" (n. 346); deixa-se às conferências dos bispos que possam determinar quais materiais respondem melhor, na confecção e forma dessas vestes, à dignidade da ação sagrada e da pessoa (n. 343), e também propor mudanças em suas cores litúrgicas; chama um pouco a atenção que, junto a essa flexibilidade de inculturação por parte das conferências, nos nn. 117 e 304 seja feita uma interpretação um tanto restritiva com respeito à cor da toalha do altar, que manda que seja branca, quando talvez outras culturas possam ser mais sensíveis a outras cores.

V. OUTROS OBJETOS USADOS NA IGREJA

348. Além dos vasos e das vestes sagradas, para os quais se prescreve determinado material, as demais alfaias destinadas ao culto litúrgico[140] ou a qualquer uso na igreja sejam dignas e condizentes com o fim a que se destinam.

349. Deve-se cuidar de modo especial que os livros litúrgicos, particularmente o Evangeliário e o Lecionário, destinados à proclamação da Palavra de Deus, gozando, por isso, de veneração peculiar, sejam na ação litúrgica realmente sinais e símbolos das realidades celestes, e, por conseguinte, verdadeiramente dignos, artísticos e belos.

350. Além disso, deve-se ter todo cuidado às coisas que estão ligadas diretamente com o altar e a celebração eucarística,

[140] Quanto à bênção dos objetos que nas igrejas são destinados ao uso litúrgico, cf. RITUAL ROMANO. *Ritual de bênçãos*, ed. típica para o Brasil, 1990, III Parte.

348-351. Sobre os *outros objetos usados na Igreja*, tais como os livros litúrgicos e a cruz, destaca a orientação insistente que se dá, aqui e em outros números, de que há de cuidar da "dignidade", "nobreza" e "beleza" de todos os elementos que se usam nessa celebração, e se especifica "sempre aliar uma nobre simplicidade a um apurado asseio". Também se pede que "sejam condizentes com o fim a que se destinam".

Sobretudo no n. 350, que é novo, recorda-se que alguns livros litúrgicos, como o Evangeliário e o Lecionário, merecem uma particular veneração por sua relação com a Palavra de Deus, e que, ademais de nobres e belos, "sejam sinais e símbolos das realidades celestes".

A introdução ao *Lecionário da Missa* (OLM, edição de 1981) insiste em pedir esse sentido da estética em torno da proclamação da Palavra de Deus: que o ambão seja "um lugar elevado, fixo, adequadamente disposto e com a devida nobreza, que ao mesmo tempo corresponda à dignidade da Palavra de Deus" (OLM 32); que haja "proporção e harmonia entre o ambão e o altar", "que o ambão seja adornado com sobriedade, ou de maneira permanente ou, ao menos ocasionalmente, nos dias mais solenes" como sejam, por exemplo, a cruz do altar e a cruz que é levada em procissão.

351. Tenha-se o cuidado de observar as exigências da arte também em coisas de menor importância e de sempre aliar uma nobre simplicidade a um apurado asseio.

(OLM 33); que os "livros de onde se tiram as leituras da Palavra de Deus... sejam verdadeiramente dignos, decorosos e belos" (OLM 35), sobretudo o Evangeliário, que em tempos passados "era adornado e venerado mais do que qualquer outro Lecionário... formosamente adornado" (OLM 36).

CAPÍTULO VII

A ESCOLHA DA MISSA E DE SUAS PARTES

352. A eficácia pastoral da celebração aumentará, certamente, se os textos das leituras, das orações e dos cantos corresponderem, na medida do possível, às necessidades, à preparação espiritual e à mentalidade dos participantes. Isto se obterá mais facilmente se usando a múltipla possibilidade de escolha da missa que se descreve adiante.

Por conseguinte, na organização da missa, o sacerdote levará mais em conta o bem espiritual de toda a assembleia do que o seu próprio gosto. Lembre-se ainda de que a escolha das

---

352. Dá oportunas orientações para que a escolha dos diversos textos da celebração cumpra sua finalidade de ajudar a todos a celebrar melhor, ou seja, "a eficácia pastoral da celebração". Para tanto, recorda:

a) que se busquem, dentro da "ampla liberdade de escolha" que se oferece nos livros, os textos (leituras, orações, cantos) "que correpondam, na medida do possível, às necessidades, à preparação espiritual e à mentalidade dos participantes", ou seja, há de exercitar o sentido pastoral de adaptação à comunidade concreta que celebra;

b) que o sacerdote não se deixará guiar tanto por "seu próprio gosto", mas olhará "o bem espiritual de toda a assembleia";

diversas partes deve se feita em comum acordo com os que exercem alguma função especial na celebração, sem excluir, absolutamente, os fiéis naquilo que se refere a eles de modo mais direto.

Sendo muito grande a possibilidade de escolha para as diversas partes da missa, é necessário que antes da celebração o diácono, os leitores, o salmista, o cantor, o comentarista, o grupo dos cantores saibam exatamente, cada um, quais os textos que lhes competem, para que nada se faça de improviso, pois a harmoniosa organização e execução dos ritos muito contribuem para dispor os fiéis à participação da Eucaristia.

I. A ESCOLHA DA MISSA

353. Nas solenidades, o sacerdote deve seguir o calendário da igreja em que celebra.

354. Nos domingos, nos dias de semana do Advento, do Natal, da Quaresma e da Páscoa, nas festas e nas memórias obrigatórias:

---

c) para essa escolha de textos, tem de contar com a opinião dos "que exercem alguma função especial na celebração", ou seja, os diversos ministros (diácono, leitores, salmista, cantor, comentarista, coro), "sem excluir, absolutamente, os fiéis naquilo que se refere a eles de modo mais direto"; é, portanto, trabalho de toda a "equipe de liturgia" fazer, convenientemente, a preparação comunitária e buscar os fundamentos para conhecer melhor a sensibilidade e os desejos de toda a comunidade;

d) já antes da celebração, cada ministro deve saber o que tem de fazer, "para que nada se faça de improviso";

e) porque ajuda em grande parte para uma boa celebração junto à comunidade não tanto a busca de novidades e de coisas estranhas, mas "a harmoniosa organização e execução dos ritos".

353-355. Para a *escolha da missa* são recordadas as normas que já constam no Missal, seguindo o calendário da igreja em que se celebra, e segundo as

a) se a missa for celebrada com povo, o sacerdote siga o calendário da igreja em que celebra;
b) se a missa for celebrada com a participação de um só ministro, o sacerdote pode escolher tanto o calendário da igreja como o calendário próprio.

355. Nas memórias facultativas:

a) Nos dias de semana do Advento, de 17 a 24 de dezembro, nos dias da oitava da Páscoa e nos dias de semana da Quaresma, exceto a Quarta-feira de Cinzas e os dias de semana da Semana Santa, diz-se a missa do dia litúrgico corrente; mas se poderá tomar a oração do dia da memória que conste no calendário geral para aquele dia, exceto na Quarta-feira de Cinzas ou em um dia de semana da Semana Santa. Nos dias de semana do Tempo Pascal, a memória dos santos pode realizar-se integralmente conforme as rubricas.
b) Nos dias de semana do Advento anteriores a 17 de dezembro, nos dias de semana do tempo do Natal desde o dia 2 de janeiro e nos dias de semana do Tempo Pascal, pode-se escolher tanto a missa do santo ou de um dos santos cuja memória se celebra, ou ainda de qualquer outro que conste do Martirológio naquele dia.
c) Nos dias de semana do tempo comum, pode-se escolher entre a missa do dia de semana, a da memória facultativa ocorrente, a de algum santo que conste do Martirológio

---

diversas categorias das memórias e festas do ano litúrgico. Acrescente-se (2002) a indicação de que nas férias do tempo pascal possam ser celebradas memórias de santos.

Quando se celebra a missa de um santo, recomenda que se siga a leitura continuada ferial (entende-se a exceção de festas, solenidades e algumas poucas memórias que têm leituras obrigatórias), porque "a Igreja deseja que a mesa da Palavra de Deus seja oferecida aos fiéis com maior riqueza". Também dá normas sobre o uso moderado das missas de defuntos, assim como das votivas.

naquele dia, uma das missas para diversas necessidades ou votiva.

Se o sacerdote celebra com povo, cuidará de não omitir, muitas vezes e sem razão suficiente, as leituras indicadas no Lecionário cada dia para os dias de semana, pois a Igreja deseja que a mesa da Palavra de Deus seja oferecida aos fiéis com maior riqueza.[141]

Pela mesma razão não tome com frequência as missas dos fiéis defuntos, pois qualquer missa é oferecida tanto pelos vivos como pelos falecidos, e há um memento para eles em cada oração eucarística.

Onde os fiéis tiverem grande estima pelas memórias facultativas da Virgem Maria ou dos santos, satisfaça-se a legítima piedade do povo.

Quando houver liberdade de optar entre a memória do calendário universal e a do calendário diocesano ou religioso, dê-se preferência, em pé de igualdade e segundo a tradição, à memória particular.

II. A ESCOLHA DAS PARTES DA MISSA

356. Ao escolher os textos das diversas partes da missa, tanto do tempo como dos santos, observem-se as normas que se seguem.

Leituras

357. Para os domingos e solenidades estão marcadas três leituras, isto é, do profeta, do apóstolo e do Evangelho, que

[141] Concílio Ecumênico Vaticano II. Const. sobre a sagrada liturgia, *Sacrosanctum concilium*, n. 52.

357-362. Na hora de *escolher as leituras* — além do que diz a IGMR 57-60 e, sobretudo, a OLM 78-91 —, cabe destacar algumas indicações:

a) no n. 357, quase totalmente novo, recorda-se que nos domingos e solenidades há três leituras, com as quais "se educa" à "continuidade

levam o povo cristão a compreender a continuidade da obra da salvação, segundo a admirável pedagogia divina. Estas leituras sejam realmente feitas. No Tempo Pascal, conforme a tradição da Igreja, em lugar do Antigo Testamento, a leitura é tomada dos Atos dos Apóstolos.

Para as festas são previstas duas leituras. Mas, se a festa, segundo as normas, for elevada ao grau de solenidade, acrescenta-se uma terceira leitura, tirada do comum.

Na memória dos santos, a não ser que haja próprias, leem-se normalmente as leituras indicadas para o dia de semana. Em alguns casos, propõem-se leituras apropriadas, ou seja, que realçam um aspecto peculiar da vida espiritual ou da atividade do santo. O uso dessas leituras não deve ser urgido, a não ser que uma razão pastoral realmente o aconselhe.

358. No lecionário semanal, propõem-se leituras para cada dia da semana durante todo o ano. Por isso, via de regra, tais leituras serão tomadas nos dias em que estão marcadas, a não ser que ocorra uma solenidade ou festa ou memória que tenha leituras próprias do Novo Testamento, ou seja, nas quais se faça menção do santo celebrado.

Se, no entanto, a leitura contínua da semana for interrompida por alguma solenidade, festa ou celebração particular, poderá o sacerdote, considerando a disposição das leituras de toda a

---

da obra da salvação, segundo a admirável pedagogia divina"; acrescenta-se uma norma taxativa: "Estas leituras sejam realmente feitas"; antes (n. 318 da segunda edição), deixava-se, em parte, ao juízo das conferências dos bispos;

b) recordam-se outros detalhes: que no tempo pascal não se lê o Antigo Testamento e que nos dias de festa com particular solenidade pode-se acrescentar uma terceira leitura;

c) volta a recomendar (n. 358) que se siga a leitura continuada ferial inclusive nas memórias dos santos, a não ser que tenha leituras próprias pela semana, juntar às outras as leituras omitidas, ou então decidir quais os textos que deverão ser preferidos.

Nas missas para grupos particulares, poderá o sacerdote escolher textos mais adaptados àquela celebração, contanto que sejam selecionados entre os que constem do Lecionário aprovado.

359. Existe também uma seleção especial de textos da Sagrada Escritura no Lecionário para as missas rituais em que ocorra a celebração de algum sacramento ou sacramental, ou para as missas que são celebradas por alguma necessidade.

Esses lecionários foram compostos para levar os fiéis por uma audição mais adequada da Palavra de Deus, a compreender mais plenamente o mistério de que participam e estimar cada vez mais a Palavra de Deus.

Por isso, ao determinar os textos a serem proferidos na celebração, levem-se em conta as razões de ordem pastoral e a faculdade de opção concedida nesta matéria.

360. Por vezes se apresenta uma forma mais longa ou outra mais breve de um mesmo texto. Na escolha entre as duas formas, tenha-se em vista o critério pastoral. No caso, é preciso atender à capacidade dos fiéis de ouvir com fruto a leitura mais ou menos longa; à sua capacidade de ouvir um texto mais completo a ser explicado pela homilia.[142]

[142] Missal Romano. Lecionário, Elenco das Leituras da Missa, n. 80.

---

menção que deles fazem as leituras; no Lecionário dos santos são oferecidas, normalmente, leituras apropriadas para eles, porém é para quando tal ou qual santo é celebrado como festa ou solenidade, por ser padroeiro ou titular ou particulamente venerado pela comunidade;

d) recomenda que, se se teve de omitir uma leitura do Lecionário ferial, “recupere-se” no dia anterior ou posterior, se parecer conveniente (n. 358);

e) também deixa flexível (nn. 358-359) o uso de outras leituras, por exemplo, rituais (de um sacramento) ou “pelas diversas necessidades”, quando o pede uma razão pastoral;

361. Quando se concede a faculdade de escolher entre um ou outro texto já determinado, ou quando se deixa à escolha, será mister atender à unidade dos que participam. Isso pode acontecer quando se trata de usar um texto que seja mais fácil ou mais adequado à assembleia reunida, ou de um texto a ser repetido ou reposto, indicado como próprio em alguma celebração, ou seja, leitura de livre escolha, sempre que a utilidade pastoral o aconselhe.[143]

Isso pode acontecer quando o mesmo texto deva ser proclamado de novo dentro de alguns dias, por exemplo, no domingo e em um dia de semana que se segue imediatamente, ou quando se teme que algum dos textos escolhidos apresente dificuldades para a assembleia reunida. Cuide-se, porém, que na escolha dos textos da Sagrada Escritura algumas de suas partes não sejam permanentemente excluídas.

362. Além das faculdades de escolher textos mais apropriados, conforme foi exposto acima, dá-se às conferências dos bispos, em circunstâncias peculiares, a faculdade de indicar algumas adaptações relativas às leituras, mantendo-se, no entanto, o princípio de que os textos sejam escolhidos de lecionário devidamente aprovado.

Orações

363. Em cada missa, a não ser que se indique outra coisa, dizem-se as orações que lhe são próprias.

[143] Ibidem, n. 81.

---

f) nos nn. 360-361, que são novos, são especificados os casos em que se pode escolher um texto mais longo ou mais abreviado, ou entre um texto e outro, sempre com o critério pastoral do bem dos fiéis.

363. Estabelecem-se normas concretas para *escolher as orações*. O caso mais frequente é quando, durante a semana, não há memórias de santos: não faz falta repetir a cada dia as orações do domingo anterior, mas que

Nas memórias dos santos, diz-se a oração coleta própria ou, em sua falta, do comum correspondente; as orações sobre as oferendas e depois da comunhão, não sendo próprias, podem ser tomadas do comum ou dos dias de semana do tempo comum.

Nos dias de semana do tempo comum, porém, além das orações do domingo precedente, podem tomar-se as orações de outro domingo do tempo comum ou uma das missas para diversas necessidades contidas no Missal. Dessas missas pode-se tomar apenas a oração coleta.

Dessa maneira se oferece maior riqueza de textos, capazes de nutrir com maior abundância as preces dos fiéis.

Nos tempos mais importantes do ano, essa adaptação já é feita pelas orações que lhes são próprias, contidas no Missal para cada dia da semana.

Oração eucarística

364. O grande número de prefácios com que o Missal Romano foi enriquecido tem por objetivo pôr em plena luz os temas da ação de graças na oração eucarística e realçar os vários aspectos do mistério da salvação.

365. A escolha entre as várias orações eucarísticas, que se encontram no Ordinário da Missa, segue, oportunamente, as seguintes normas:

a) a oração eucarística I, ou Cânon Romano, que sempre pode ser usada, é proclamada mais oportunamente nos dias em que a oração eucarística tem o *Em comunhão* próprio ou nas missas enriquecidas com o *Aceita, ó Pai*,

---

se possa escolher entre as possibilidades que oferece este número no parágrafo terceiro. A finalidade é pastoral sempre: "... nutrir com maior abundância a oração dos fiéis".

364-365. Para escolher *as orações eucarísticas*, recordam-se algumas orientações sobre as quatro principais que constam no corpo do Missal. Também aqui a finalidade de ir variando esta oração é pastoral: "Tem por objetivo pôr em plena luz os temas da ação de graças na oração eucarística e realçar os vários aspectos do mistério da salvação".

próprio, como também nas celebrações dos apóstolos e dos santos mencionados na mesma oração; também nos domingos, a não ser que por motivos pastorais se prefira a terceira oração eucarística;

b) a oração eucarística II, por suas características particulares, é mais apropriadamente usada nos dias de semana ou em circunstâncias especiais. Embora tenha prefácio próprio, pode igualmente ser usada com outros prefácios, sobretudo aqueles que de maneira sucinta apresentem o mistério da salvação, por exemplo, os prefácios comuns. Quando se celebra a missa por um fiel defunto, pode-se usar a fórmula própria proposta no respectivo lugar, a saber, antes do *Lembrai-vos também*;

c) a oração eucarística III pode ser dita com qualquer prefácio. Dê-se preferência a ela nos domingos e festas. Se, contudo, essa prece for usada nas missas pelos fiéis defuntos, pode-se tomar a fórmula especial pelo falecido, no devido lugar, ou seja, após as palavras: *Reconduzi a vós, Pai de misericórdia, todos os vossos filhos e filhas dispersos pelo mundo inteiro*;

d) a oração eucarística IV possui um prefácio imutável e apresenta um resumo mais completo da história da salvação. Pode ser usada quando a missa não possui prefácio próprio, bem como nos domingos do tempo comum. Não se pode inserir nesta oração, devido à sua estrutura, uma fórmula especial por um fiel defunto.

Cantos

366. Não é lícito substituir os cantos colocados no Ordinário da Missa, por exemplo, o *Cordeiro de Deus,* por outros cantos.

366-367. Finalmente, com respeito aos *cantos*, distingue-se claramente nestes números, que são novos, entre os cantos que pertencem ao Ordinário da Missa (*Kýrie*, *Glória*, *Sanctus*, *Agnus Dei*), que não podem ser

367. Na seleção dos cantos interlecionais e dos cantos da entrada, das oferendas e da comunhão, observem-se as normas estabelecidas nos respectivos lugares (cf. nn. 40-41, 47-48, 61-64, 74, 86-88).

substituídos por outros cantos; e outros mais móveis, como o salmo responsorial, os cantos de entrada, de ofertório e de comunhão, que admitem maior flexibilidade, segundo os números em que se fala de cada um deles.

CAPÍTULO VIII

MISSAS E ORAÇÕES PARA DIVERSAS CIRCUNSTÂNCIAS E MISSAS DOS FIÉIS DEFUNTOS

I. MISSAS E ORAÇÕES PARA DIVERSAS CIRCUNSTÂNCIAS

368. Como a liturgia dos sacramentos e sacramentais obtém para os fiéis devidamente preparados que quase todos os acontecimentos da vida sejam santificados pela graça divina que flui do mistério pascal,[144] e como a Eucaristia é o sacramento dos sacramentos, o Missal fornece formulários de missas e orações que, nas diversas ocasiões da vida cristã, podem ser usados pelas necessidades do mundo inteiro, da Igreja universal e da igreja local.

[144] Cf. Concílio Ecumênico Vaticano II. Const. sobre a sagrada liturgia, *Sacrosanctum concilium*, n. 61.

---

368. A existência de missas e orações para as diversas ocasiões da vida cristã está motivada por duas afirmações programáticas: a) que "quase todos os acontecimentos da vida sejam santificados pela graça divina que flui do mistério pascal" e b) que a Eucaristia "é o sacramento dos sacramentos". Por isso propõe o Missal toda essa variedade de textos.

Sobre as missas "para diversas circunstâncias", rituais e votivas, são dadas algumas normas:

---

369. Tendo em vista a mais ampla faculdade de escolher leituras e orações, convém que as missas para as diversas circunstâncias sejam empregadas moderadamente, isto é, quando a oportunidade o exigir.

370. Em todas as missas para as diversas circunstâncias, a não ser que se disponha de outro modo, é permitido usar as leituras dos dias de semana, bem como os seus cantos interlecionais, se combinarem com a celebração.

371. Entre essas missas contam-se as missas rituais, para diversas necessidades, para diversas circunstâncias e votivas.

372. As missas rituais estão unidas à celebração de certos sacramentos e sacramentais. São proibidas nos domingos do Advento, da Quaresma e da Páscoa, nas solenidades, nos dias da oitava da Páscoa, na Comemoração de todos os fiéis defuntos, na Quarta-feira de Cinzas e nos dias de semana da Semana Santa, observando-se, além disso, as normas contidas nos livros rituais e nas próprias missas.

373. As missas para várias necessidades ou para diversas circunstâncias são usadas em algumas circunstâncias, que ocorrem de tempos em tempos, ou em épocas estabelecidas. Dentre elas a autoridade competente pode escolher as missas para as rogações, cuja celebração, no decorrer do ano, será decidida pela conferência dos bispos.

374. Ao ocorrer uma necessidade mais grave ou por utilidade pastoral, pode celebrar-se em qualquer dia a missa conveniente com ordem ou permissão do bispo diocesano, exceto nas solenidades, nos domingos do Advento, da Quaresma e da Páscoa, nos dias da oitava da Páscoa, na Comemoração de Todos os Fiéis Defuntos, na Quarta-feira de Cinzas e nos dias de semana da Semana Santa.

---

a) que se usem com moderação (n. 369), quando as circunstâncias o peçam; explicita-se quando podem ser utilizadas tanto as *ad diversa* como as rituais (relacionadas com a celebração dos sacramentos) e as votivas;

375. As missas votivas sobre os mistérios do Senhor ou em honra da bem-aventurada Virgem Maria, dos anjos, de algum santo ou de todos os santos podem ser celebradas para favorecer a devoção dos fiéis nos dias de semana do tempo comum, mesmo que ocorra uma memória facultativa. Contudo, não podem ser celebradas como votivas as missas que se referem aos mistérios da vida do Senhor ou da bem-aventurada Virgem Maria, com exceção da missa de sua Imaculada Conceição, pelo fato de a sua celebração estar unida ao círculo do ano litúrgico.

376. Nos dias em que ocorra uma memória obrigatória ou um dia de semana do Advento até ao dia 16 de dezembro, do tempo de Natal desde o dia 2 de janeiro, e do tempo pascal depois da oitava da Páscoa, por si mesmas são proibidas as missas para diversas necessidades e votivas. Se, porém, verdadeira necessidade ou utilidade pastoral o exigir, poderá ser usada na celebração com povo a missa que corresponda a tal necessidade ou utilidade, a juízo do reitor da igreja ou do próprio sacerdote celebrante.

377. Nos dias de semana do tempo comum em que ocorra uma memória facultativa ou se celebra o ofício semanal, é permitido celebrar qualquer missa ou usar qualquer oração para diversas circunstâncias, excetuando-se as missas rituais.

---

b) em todas elas é preferível usar as leituras das missas feriais (n. 370), para não se perderem as vantagens da leitura continuada do novo Lecionário;

c) no n. 375 (novo), indicam-se quais missas votivas podem ser celebradas "para favorecer a devoção dos fiéis" nas férias do tempo ordinário; não se consegue entender bem por que na segunda parte deste número são excluídas as missas votivas relativas aos mistérios da vida do Senhor ou da Virgem; "pelo fato de a sua celebração estar unida ao círculo do ano litúrgico", pode-se aplicar, também, a outras;

d) nos nn. 376-377, indicam-se os dias em que não se podem admitir essas missas votivas ou por diversas circunstâncias;

378. Recomenda-se de modo particular a memória de santa Maria no sábado, pelo fato de se tributar na liturgia da Igreja à Mãe do Redentor uma veneração acima e de preferência a todos os santos.[145]

II. MISSAS PELOS FIÉIS DEFUNTOS

379. A Igreja oferece o sacrifício eucarístico da Páscoa de Cristo pelos defuntos, a fim de que, pela comunhão de todos os membros de Cristo entre si, o que obtém para uns o socorro espiritual traga aos outros a consolação da esperança.

380. Entre as missas dos fiéis defuntos ocupa o primeiro lugar a missa de exéquias, que pode ser celebrada todos os dias, exceto nas solenidades de preceito, na Quinta-feira da Semana Santa, no Tríduo pascal e nos domingos do Advento, da Quaresma e da Páscoa, observado, além disso, tudo o que é de direito.[146]

381. A missa dos fiéis defuntos, ao receber-se a notícia da morte, ou por ocasião da sepultura definitiva, ou no dia do primeiro aniversário, pode ser celebrada também nos dias dentro da oitava de Natal, nos dias em que ocorrer uma memória obrigatória ou um dia de semana, exceto Quarta-feira de Cinzas e os dias de semana da Semana Santa.

[145] Cf. Concílio Ecumênico Vaticano II. Const. dogm. sobre a Igreja, *Lumen gentium,* n. 54; Paulo VI. Exortação apostólica *Marialis cultus,* n. 9, 2 de fevereiro de 1974: AAS 66 (1974), pp. 122-123.

[146] Cf., sobretudo, CIC, cân. 1176-1185; Ritual Romano. *Ritual das exéquias,* 1971.

---

e) no n. 378, que é novo, convida a celebrar aos sábados (entendam-se que estejam livres) a memória de Santa Maria.

379-385. As *missas de defuntos* são motivadas porque a Igreja oferece por eles "o sacrifício eucarístico da Páscoa de Cristo", com a finalidade de que, "pela comunhão de todos os membros de Cristo entre si, o que obtém para uns o socorro espiritual traga aos outros a consolação da esperança" (n. 379).

Em continuação, dão-se algumas normas sobre as missas exequiais; quando se podem dizer e quando não; a conveniência de uma breve homilia,

As outras missas dos fiéis defuntos, ou missas "cotidianas", podem ser celebradas nos dias de semana do tempo comum, quando ocorre uma memória facultativa ou é rezado o ofício semanal, contanto que realmente sejam celebradas em intenção dos falecidos.

382. Nas missas exequiais haja, normalmente, uma breve homilia, excluindo-se, no entanto, qualquer tipo de elogio fúnebre.

383. Os fiéis, sobretudo os da família do falecido, sejam convidados a participar, *também* pela sagrada comunhão, do sacrifício eucarístico oferecido por um falecido.

384. Se a missa exequial é imediatamente seguida pelo rito dos funerais, terminada a oração depois da comunhão e omitidos os ritos finais, realiza-se a última encomendação ou despedida. Esse rito é celebrado apenas quando estiver presente o corpo.

385. Na organização e escolha das partes da missa dos fiéis defuntos, principalmente da missa exequial, que podem variar (por exemplo, orações, leituras e oração universal), convém levar-se em conta, por motivos pastorais, as condições do falecido, de sua família e dos presentes.

Além disso, os pastores levem especialmente em conta aqueles que por ocasião das exéquias comparecem às celebrações litúrgicas e escutam o Evangelho, tanto os não católicos como católicos que nunca ou raramente participam da Eucaristia, ou parecem ter perdido a fé, pois os sacerdotes são ministros do Evangelho de Cristo para todos.

porém não ao modo de elogio fúnebre; a coerência de que os fiéis comunguem nessa missa; como terminam tais missas; e a conveniência de saber selecionar os textos da missa segundo as circunstâncias.

Termina o capítulo recordando aos sacerdotes que "são ministros do Evangelho de Cristo para todos", e é nessas missas exequiais onde mais podem ser encontradas pessoas com diversas situações de fé.

CAPÍTULO IX

ADAPTAÇÕES QUE COMPETEM AOS BISPOS E ÀS SUAS CONFERÊNCIAS

386. A renovação do *Missal Romano*, realizada segundo as exigências do nosso tempo, de acordo com as normas do Concílio Vaticano II, teve o máximo cuidado para que todos os fiéis pudessem garantir, na celebração eucarística, aquela plena, consciente e ativa participação que a própria natureza da liturgia

---

Todo o capítulo é novo e, em parte, inclui o que já havia sido dito na instrução *Varietates legitimae*, de 1994, sobre a inculturação, na linha do estabelecido em SC, nn. 37-40, aplicando-o desta vez às atribuições das conferências dos bispos. Nesta última versão da IGMR (2002), substituiu-se o sintagma "conferentia episcopalis" por "conferentia episcoporum". Já nos nn. 22-26, que também são novos, havia tratado esta *Institutio* das adaptações que tocam ao sacerdote e aos bispos. Aqui, refere-se apenas às próprias dos bispos e às conferências dos bispos.

386. Explica o porquê de o Missal falar, continuamente, de adaptações à comunidade: a finalidade de tais adaptações e, em geral, da reforma do Missal Romano, que teve lugar nos últimos anos, é pastoral: "Que todos os fiéis possam garantir, na celebração eucarística, aquela plena, consciente e ativa participação que a própria natureza da liturgia exige e à qual os próprios fiéis, por força de sua condição, têm direito e obrigação". Essa finalidade já havia sido expressa no n. 18.

exige e à qual os próprios fiéis, por força de sua condição, têm direito e obrigação.[147]

Para que a celebração corresponda mais plenamente às normas e ao espírito da sagrada liturgia, propõem-se nesta Instrução e no Ordinário da Missa algumas adaptações, confiadas ao critério do bispo diocesano ou às conferências dos bispos.

387. O bispo diocesano, que deve ser tido como o sumo sacerdote de sua grei, do qual, de algum modo, deriva e depende a vida de seus fiéis em Cristo,[148] deve fomentar, coordenar e vigiar a vida litúrgica em sua diocese. Conforme esta instrução, cabe a ele orientar a disciplina da concelebração (cf. nn. 202 e 374), estabelecer normas para o serviço do sacerdote ao altar (cf. n. 107), sobre a distribuição da sagrada comunhão sob as duas espécies (cf. n. 283) e sobre a construção e restauração de igrejas (cf. n. 291). Mas cabe-lhe, antes de tudo, alimentar o espírito da sagrada liturgia nos presbíteros, diáconos e fiéis.

[147] Cf. Concílio Ecumênico Vaticano II. Const. sobre a sagrada liturgia, *Sacrosanctum concilium*, n. 14.

[148] Cf. ibidem, n. 41.

---

387. Enumera, brevemente, as adaptações que correspondem ao *bispo diocesano*. Porém, sobretudo, descreve a motivação teológica: o bispo é "o sumo sacerdote de sua grei, do qual, de algum modo, deriva e depende a vida em Cristo de seus fiéis" (cf. o n. 22). Diz, além disso, que lhe toca "fomentar, coordenar e vigiar a vida litúrgica em sua diocese" e "cabe-lhe, antes de tudo, alimentar o espírito da sagrada liturgia nos presbíteros, diáconos e fiéis". Cf., também, SC, n. 41.

389-399. Mais detidamente são enumeradas as adaptações que tocam às conferências dos bispos: a edição do Missal em línguas vernáculas (n. 389), com os exemplos concretos que se lhes foram atribuindo ao longo

388. As adaptações, de que se trata abaixo, que pedem uma coordenação mais ampla, devem ser especificadas, conforme as normas do direito, pela conferência dos bispos.

389. Compete às conferências dos bispos, antes de tudo, preparar e aprovar a edição deste Missal Romano nas diversas línguas vernáculas, para que, reconhecidas pela Sé Apostólica, sejam usadas nas respectivas regiões.[149]

O Missal Romano deve ser publicado integralmente tanto no texto latino como nas versões em vernáculo legitimamente aprovadas.

390. Compete às conferências dos bispos definir as adaptações indicadas nesta Instrução geral e no Ordinário da Missa, e introduzi-las no próprio Missal, como:

— gestos e posições do corpo dos fiéis (cf. n. 43);
— gestos de veneração ao altar e ao Evangeliário (cf. n. 273);
— textos dos cantos da entrada, da preparação das oferendas e da comunhão (cf. nn. 48, 74 e 87);
— a escolha de leituras da Sagrada Escritura a serem usadas em circunstâncias peculiares (cf. n. 362);
— a forma de dar a paz (cf. n. 82);
— o modo de receber a sagrada comunhão (cf. nn. 160 e 283);

[149] Cf. CIC, cân. 838, § 3.

de sua introdução (n. 390), a tradução dos textos bíblicos (n. 391) e dos outros textos da missa (n. 392), a aprovação de melodias apropriadas para os cantos, assim como as formas musicais em geral (n. 393), a confecção do calendário próprio da nação, incluindo, por exemplo, os dias de "rogativa" ou de "têmporas" que tenham determinado (n. 394).

Nesses casos de adaptação, recorda-se, com frequência, a necessidade de ter em conta a situação das diversas comunidades, assim como a capacidade dos fiéis (nn. 391-392). Ao falar das traduções, dá-se a orientação de

— o material para a confecção do altar e das sagradas alfaias, sobretudo dos vasos sagrados, bem como a forma e a cor das vestes litúrgicas (cf. nn. 301, 326, 329, 339, 342-346).

Contudo, diretórios ou instruções pastorais, considerados úteis pelas conferências dos bispos, após prévia aprovação da Sé Apostólica, poderão ser introduzidos, em lugar apropriado, no Missal Romano.

391. Compete às mesmas conferências cuidar com especial atenção e aprovar as traduções dos textos bíblicos usados na celebração eucarística e, de acordo com o elenco das leituras da missa, editar o Lecionário confirmado pela Sé Apostólica. Da Sagrada Escritura são extraídas as leituras, explicadas na homilia; dela se cantam os salmos; nela se inspiram as preces dos fiéis, orações e hinos litúrgicos; dela também ganham sentido as ações e os sinais litúrgicos.[150]

Use-se uma linguagem que corresponda à compreensão dos fiéis e que se adapte à proclamação em público, considerando, porém, as características próprias aos diversos modos de falar usados nos livros sagrados.

392. Compete, igualmente, às conferências dos bispos preparar com muito cuidado a versão dos demais textos, para que, garantida a índole de cada língua, se transmita plenamente e com fidelidade o sentido do texto original latino. Na execução

[150] Cf. Concílio Ecumênico Vaticano II. Const. sobre a sagrada liturgia, *Sacrosanctum concilium*, n. 24.

---

que os textos litúrgicos devem ser aptos, não tanto para ser meditados, mas proclamados à comunidade, que deverão considerar a idiossincrasia de cada língua e também a qualidade literária dos textos traduzidos e, se em diversas regiões se fala a mesma língua, seria desejável que se unificassem as traduções principais (nn. 391-392).

Para os casos de adaptação "mais profunda", de modo que "a celebração responda ao espírito e à tradição dos diversos povos", são estabelecidos os passos a dar (nn. 395-396), tanto jurídicos como pastorais. E apresenta

deste empreendimento, é preciso considerar os diversos gêneros literários usados no Missal, como as orações presidenciais, as antífonas, as aclamações, as respostas, as preces litânicas etc.

Deve-se ter em mente que a tradução dos textos não visa primeiramente à meditação, mas, antes, à proclamação ou ao canto no ato da celebração.

Faça-se uso de uma linguagem adaptada aos fiéis da respectiva região, mas que seja nobre e dotada de valor literário, permanecendo sempre a necessidade de alguma catequese sobre o sentido bíblico e cristão de certas palavras ou frases.

É melhor que nas regiões em que se fala a mesma língua se tenha, na medida do possível, uma só versão para os textos litúrgicos, sobretudo para os textos bíblicos e para o Ordinário da Missa.[151]

393. Tendo em vista o lugar proeminente que o canto recebe na celebração, como parte necessária ou integrante da liturgia,[152] compete às conferências dos bispos aprovar melodias adequadas, sobretudo para os textos do Ordinário da Missa, para as respostas e aclamações do povo e para celebrações peculiares que ocorrem durante o ano litúrgico.

Cabe-lhes, igualmente, decidir quanto aos gêneros musicais, melodias e instrumentos musicais que possam ser admitidos no culto divino e até que ponto realmente são adequados ou poderão adaptar-se ao uso sagrado.

394. Convém que cada diocese tenha o seu calendário e o Próprio das missas. A conferência dos bispos, por sua vez, prepare o calendário, próprio da nação, ou, em colaboração com

[151] Cf. ibidem, n. 36, § 3.

[152] Cf. ibidem, n. 112.

orientações sobre a relação de uma Igreja particular com a Igreja universal, descrevendo as riquezas do rito litúrgico romano (nn. 397 e 399).

Recomenda-se, também, realizar a gradual inculturação do rito romano às próprias culturas seguindo as diretrizes da instrução *Varietates legitimae*, de 1994 (n. 398).

outras conferências um calendário mais amplo, a ser aprovado pela Sé Apostólica.[153]

Nesta iniciativa deve-se considerar e defender ao máximo o dia do Senhor, como dia de festa primordial, de modo que outras celebrações, a não ser que sejam de máxima importância, não se lhe anteponham.[154] Igualmente se cuide que o ano litúrgico renovado por decreto do Concílio Vaticano II não seja obscurecido por elementos secundários.

Na elaboração do calendário do país, sejam indicados (cf. n. 373) os dias das Rogações e das Quatro Têmporas do ano, bem como as formas e os textos para celebrá-las;[155] e tenham-se em vista outras determinações peculiares.

Convém que, na edição do Missal, as celebrações próprias de toda a nação ou de uma região mais ampla sejam inseridas no devido lugar entre as celebrações do calendário geral, ao passo que as celebrações próprias de uma região ou de uma diocese tenham lugar em apêndice particular.

395. Finalmente, se a participação dos fiéis e o seu bem espiritual exigirem variações e adaptações mais profundas, para que a sagrada celebração responda à índole e às tradições dos diversos povos, as conferências dos bispos podem propô-las à Sé Apostólica, segundo o art. 40 da Constituição sobre a sagrada liturgia, para introduzi-las com o seu consentimento, sobretudo em favor de povos a quem o Evangelho foi anunciado mais recentemente.[156] Observem-se atentamente as normas peculiares emanadas pela Instrução *A liturgia romana e a inculturação*.[157]

[153] Cf. *Normas universais sobre o ano litúrgico e o calendário,* nn. 48-51; S. Congr. para o Culto Divino, Instr. *Calendaria particularia,* nn. 4, 8, 24 de junho de 1970: AAS 62 (1970), pp. 652-653.

[154] Cf. Concílio Ecumênico Vaticano II. Const. sobre a sagrada liturgia, *Sacrosanctum concilium*, n. 106.

[155] Cf. *Normas universais sobre o ano litúrgico e o calendário,* n. 46; S. Congr. para o Culto Divino. Instr. *Calendaria particularia,* n. 38, 24 de junho de 1970: AAS 62 (1970), p. 660.

[156] Cf. Concílio Ecumênico Vaticano II. Const. sobre a sagrada liturgia, *Sacrosanctum concilium*, nn. 37-40.

[157] Cf. Congr. para o Culto Divino e a Disciplina dos Sacramentos. Instr. *Varietates legitimae,* nn. 54, 62-69, 25 janeiro de 1994: AAS 87 (1995), pp. 308-309, 311-313.

Quanto ao modo de proceder neste ponto, observe-se o seguinte:

– primeiramente se apresente um projeto pormenorizado à Sé Apostólica, para, com a devida autorização, proceder à elaboração de cada uma das adaptações;
– depois de estas propostas serem devidamente aprovadas pela Sé Apostólica, realizem-se experimentações nos períodos de tempos e lugares estabelecidos. Se for o caso, esgotado o tempo de experimentação, a conferência dos bispos determinará a continuação das adaptações, apresentando à apreciação da Sé Apostólica uma formulação madura sobre o assunto.[158]

396. Contudo, antes que se dê início a novas adaptações, sobretudo mais profundas, dever-se-á ter o grande cuidado de promover, sábia e ordenadamente, a devida formação do clero e dos fiéis; que as faculdades já previstas sejam levadas a efeito e as normas pastorais, correspondentes ao espírito da celebração, sejam plenamente aplicadas.

397. Observe-se também o princípio segundo o qual cada Igreja particular deve estar de acordo com a Igreja universal não só quanto à doutrina da fé e aos sinais sacramentais, como também quanto aos usos universalmente aceitos pela tradição apostólica e ininterrupta, que devem se observados não só para evitar os erros, como também para transmitir a integridade da fé, visto que a regra da oração da Igreja corresponde à sua regra da fé.[159]

O rito romano constitui uma parte notável e preciosa do tesouro litúrgico e do patrimônio da Igreja Católica, cujas riquezas contribuem para o bem da Igreja universal, a tal ponto que sua perda gravemente a prejudicaria.

Tal rito, no decorrer dos séculos, não só conservou os usos litúrgicos originários da cidade de Roma, como, de modo profundo,

[158] Cf. ibidem, nn. 66-68: AAS 87 (1995), p. 313.

[159] Cf. ibidem, nn. 26-27: AAS 87 (1955), pp. 298-299.

orgânico e harmonioso, integrou também em si muitos outros que se derivavam dos costumes e da índole de povos diversos e de diferentes igrejas particulares tanto do Ocidente como do Oriente, adquirindo assim um certo caráter suprarregional. Nos tempos atuais, a identidade e a expressão unitária desse rito encontram-se nas edições típicas dos livros litúrgicos promulgados pela autoridade do sumo pontífice e nos correspondentes livros litúrgicos aprovados pelas conferências dos bispos para suas dioceses e confirmados pela Sé Apostólica e, se for o caso, reconhecidos nos termos do direito.[160]

398. A norma estabelecida pelo Concílio Vaticano II, segundo a qual as inovações na reforma litúrgica não se façam a não ser que a verdadeira e certa utilidade da Igreja o exija e tomando a devida cautela de que as novas formas de certo modo brotem como que organicamente daquelas que já existiam,[161] também deve aplicar-se à inculturação do próprio rito romano.[162] Além disso, a inculturação necessita de um tempo prolongado para que, na precipitação e imprudência, não se prejudique a autêntica tradição litúrgica.

Finalmente, a busca da inculturação não leva, de modo algum, à criação de novas famílias rituais, mas, ao tentar dar resposta às necessidades de determinada cultura, o faz de tal modo que as adaptações introduzidas no Missal ou nos outros livros litúrgicos não prejudiquem o caráter proporcionado, típico do rito romano.[163]

[160] Cf. João Paulo II. Carta apostólica *Vicesimus quintus annus*, n. 16, 4 de dezembro de 1989: AAS 81 (1989), p. 912; Congr. para o Culto Divino e a Disciplina dos Sacramentos. Instr. *Varietates legitimae*, nn. 2, 36, 25 janeiro de 1994: AAS 87 (1995), pp. 288, 302.

[161] Cf. Concílio Ecumênico Vaticano II. Const. sobre a sagrada liturgia, *Sacrosanctum concilium*, n. 23.

[162] Cf. Congr. para o Culto Divino e a Disciplina dos Sacramentos. Instr. *Varietates legitimae*, n. 46, 25 de janeiro de 1994: AAS 87 (1995), p. 306.

[163] Cf. ibidem, n. 36: AAS 87 (1995), p. 302.

399. Assim, pois, o Missal Romano, ainda que na diversidade de línguas e em certa variedade de costumes,[164] para o futuro, deverá ser conservado como instrumento e sinal preclaro da integridade e unidade do rito romano.[165]

164 Cf. ibidem, n. 54: AAS 87 (1995), pp. 308-309.

165 Cf. Concílio Ecumênico Vaticano II. Const. sobre a sagrada liturgia, *Sacrosanctum concilium*, n. 38; Paulo VI. Const. apostólica *Missale Romanum,* acima, p. 5-8.

ÍNDICE DAS MATÉRIAS

Observações:

* Neste índice somente se incluem as matérias de que se fala na IGMR, não no Missal mesmo.
* Não aparecem todos os termos, mas os que podem ser mais frequentemente consultados. E também não todas as vezes que aparece o termo em questão, e, sim, as mais significativas, omitindo as que meramente o nomeiam sem acrescentar nada ou são lugares paralelos dos resumidos em primeiro lugar.
* Dentro de cada resumo do termo, este se indica com sua inicial. Se se fala do altar, se o nomeia como A.

dons do ofertório 140.190, na incensação do sacerdote e do povo 190; é ministro extraordinário da comunhão 162.191 e oferece o cálice se se comunga sob as duas espécies 191.284, ajuda a purificar os vasos sagrados 192.247.249.279. Se não há A. instituídos, fazem seu ofício outros leigos 100. A veste do A. é a alva ou outra veste aprovada pelos bispos 339.

Adaptações. Propõem-se algumas acomodações e A. para que a celebração responda mais plenamente ao espírito da liturgia 23. Fizeram A. de textos antigos para as atuais necessidades e circunstâncias 5. Algumas destas A. dependem do sacerdote, para que respondam melhor às necessidades, preparação e índole dos participantes 24. Outras são encomendadas ao bispo ou às conferências dos bispos 386-399 (todo o cap. IX: as A. que competem aos bispos e a suas conferências sobretudo 390). Pode haver A. de mais relevo, para que a liturgia responda às tradições e idiossincrasia dos povos e regiões 26, ou se a participação dos fiéis e seu bem espiritual exigirem A. mais profundas para que a celebração responda ao estilo e à tradição dos diversos povos 395. As A. podem referir-se às monições, para que se ajustem à compreensão dos participantes 31, às posturas corporais, segundo a índole e as razoáveis tradições de cada povo 43, ao estilo artístico, que se enquadre com o modo de ser e das tradições de cada povo 325, às obras de arte adaptadas a cada tempo 289, às cores, que respondam melhor às necessidades e modos de ser dos povos 346, às traduções 391.392, em algumas circunstâncias especiais às leituras bíblicas 362. Para as A. mais importantes, as quais chama “inculturação”, há de seguir o estabelecido na instrução “Liturgia romana e inculturação” 26.395.398.

***Agnus Dei* (Cordeiro de Deus).**

Água. Para a Eucaristia, preparam-se pão, vinho e A. 72.118, porque Cristo usou vinho misturado com A. 319. Nos domingos, pode-se fazer a aspersão com A. em lugar do ato penitencial 51. Sentido do lavabo das mãos do sacerdote com A. 145. Oração em segredo quando se mistura um pouco de A. com o vinho 142.178. Purificam-se os vasos sagrados com A. ou com A. e vinho 279. A A. com que se fazem as purificações ou se consome 279 ou se verte na “piscina” adequada 280.334.

Aleluia. Na missa, canta-se como aclamação antes do Evangelho 62. Tem o valor de ato em si mesmo 37. Quando se canta e quando se substitui por

Somente sobe ao A. o ministro da Palavra 309, não o comentarista 105. O A. deve ser benzido 309.

Amém. É a aclamação com que o povo responde ao ministro na saudação inicial 124, ao final da oração coleta 54, da oração sobre as oferendas 77, da oração eucarística 79, do desejo de paz 154, no diálogo da comunhão 161.286.287, ao final da pós-comunhão 89, da bênção final 167; o diácono responde A. à bênção do sacerdote antes do Evangelho 175.

Amito. Os que usam a alva, coloquem antes o A., a não ser que a forma da alva não o exija 119, ou seja, se a alva já cobre totalmente a veste comum ao redor do pescoço 336.

Antífona. No canto, pode haver uma A. com o salmo 48. Se não se canta, se recita ou se adapta como monição 48.256. No canto de comunhão, pode haver uma A. com um salmo 87. Se não se canta, recita-se 87.269.

Aspersão. Nos domingos, no lugar do ato penitencial, a celebração pode iniciar-se com a bênção e A. da água em memória do batismo 51. Haverá de preparar o recipiente de água que se vai benzer se se realiza a A. 118.

Ato penitencial. Que é e como se realiza, nos ritos de entrada da missa 51. Manifesta e favorece a participação ativa 36. Aos domingos se pode substituir pela aspersão batismal 51. Às vezes, o *Kýrie* já está incluído nele 52. Convém fazer um momento de silêncio 45. Não tem a eficácia do sacramento da penitência 51.

Avisos. Ao final da missa, podem-se dar uns A. ou anúncios se é necessário e com brevidade 166.184. Pode dá-los o diácono, a não ser que o prefira fazer o sacerdote 184.

Beijo. A veneração que merecem o altar e o Evangeliário se expressa com o B. 49.90.134.273. Ou bem com outro sinal que determinem as conferências dos bispos 273.

Beleza (decoro). Pede-se beleza, decoro, dignidade e nobreza para o lugar da celebração 122.188.292, para as vestes sagradas 335.344.346, para os livros litúrgicos 349, para os vasos sagrados e utensílios 301.326.328.329, para as imagens 318, para o altar 303.305, para o ambão

para os C. 310. Corresponde ao bispo a regulação da C. em sua diocese 202.387. Um sacerdote pode celebrar só 199.

Conferência dos bispos. Nos números 388-399, citam-se todos os outros números em que se especifica sua função.

Consagração. As palavras da C. tornam presente a Cristo 3. Sentido teo-lógico do relato da instituição e C. 79. Durante a C. a postura normal, com exceções, é de joelhos 43. Antes da C., pode-se avisar com uma campainha 150. Durante a C., podem-se incensar o corpo e o sangue 150.276. Comungar com pão consagrado na mesma missa 13.85.157.243.

Cordeiro de Deus. É uma expressão, aplicada a Cristo, que aparece várias vezes na missa: no canto de *Glória* 53; no *Agnus Dei* que acompanha a fração do pão 37.83.240, e que se pode cantar várias vezes, enquanto dure a fração 83; também no convite à comunhão 157.243.268. O canto do *Cordeiro de Deus* é um dos cantos do Ordinário, cujo texto não se pode mudar 366.

Cores. Sentido da diversidade de C. na celebração 345. Quando se usam C. como o branco, vermelho, verde, roxo ou violeta, negro e rosa 346. As toalhas devem ser brancas 117.304. O véu que cobre o cálice na credência pode ser branco ou da cor do dia 118. Que C. escolher para dias mais solenes 346. Que C. nas missas rituais, votivas e para diversas circunstâncias 347. As conferências dos bispos podem adaptar as C. 346.390.

Corporal. Ao preparar o altar, coloca-se sobre ele um C. 73.118.139. A patena e o cálice se colocam sempre sobre o C. 141.142. Se se coloca outro cálice para os concelebrantes, também com C. 248. Se se levam para a credência os vasos para purificá-los, também sobre um C. 163. Se se celebrar fora da igreja, sobre a mesa deve-se pôr um C. 297.

Credência. É a mesinha lateral onde se preparam e guardam os vasos e elementos da Eucaristia. O que há de se preparar nela 207.255. Pode preparar ali o cálice com água e vinho 73. Depois de proclamar o Evangelho, pode-se deixar ali o Evangeliário 175. Depois da comunhão, sempre que seja possível, purificam-se na C. os vasos sagrados 183.192.247.279.

***Creio* (profissão de fé).**

se não se canta, pode converter-se em uma M. 48. Antes da oração dos fiéis ou do pai-nosso, o sacerdote faz uma breve M. invitatória 71.237. O diácono pode fazer oportunas M. 171, por exemplo, para o gesto da paz 239. O comentarista e as características de suas M. 105. Na missa com só um ministro, omitem-se as M. 254. *Cf. comentarista.*

Música. Corresponde ao bispo cuidar da dignidade da M. 22. Quando intervém o presidente, calam-se todos os instrumentos musicais 32. O canto gregoriano, primeiro lugar 41. Outros gêneros de M., sobretudo polifonia 41. Os músicos têm um ofício litúrgico próprio 103. Na preparação da missa, cuidar do aspecto musical 111. O lugar dos músicos e cantores 312-313. As conferências dos bispos julgam as formas musicais, melodias e instrumentos aptos para a liturgia 393. *Cf. canto, cantor, instrumentos.*

Oferecer, ofertório. Na Eucaristia, oferece-se o sacrifício vivo e santo, o corpo e o sangue de Cristo 2. O ministro ordenado oferece o sacrifício eucarístico 4.93. O sacerdote associa o povo na oferenda do sacrifício eucarístico 93. Os fiéis se unem com sua oferenda espiritual 5, unem-se a Cristo na oferenda do sacrifício 78, não só oferecem a Cristo mas a si mesmos 79f, não só oferecem pelas mãos do sacerdote mas juntamente com ele 95, participam na comum oblação do sacrifício 96. A Eucaristia se oferece também pelos defuntos 355.379.383. Na missa, durante a preparação do altar e dos dons, canta-se o canto do ofertório 37.74. Os fiéis estão sentados enquanto se preparam os dons no ofertório 43. *Cf. dons, sacrifício.*

Oração coleta. É uma das orações que o sacerdote dirige a Deus em nome de todos 30. Por ela se expressa a índole da celebração 54. É sempre única 54. Como se realiza 54.127. Que oração se pode escolher 363.

Oração eucarística. Entre as orações presidenciais, o primeiro lugar tem a OE 30. Conteúdo teológico da OE 2.72.78. É o centro e cume da celebração 78. Estrutura e conteúdo 79. Como se realiza 148-149. Somente o sacerdote a diz, se possível cantando as partes cantáveis 147. O sacerdote diz uma das OE do Missal ou aprovadas pela Sé Apostólica 147.235. Pode dizer uma monição antes da OE, porém não dentro dela 31. Como se diz a doxologia ao final da OE 151.236. Na concelebração, modo de proclamar as várias OE 216-236. Critérios para a eleição da OE 364-365.

Sacrifício. A Eucaristia é o S. do corpo e do sangue de Cristo 1. O Vaticano II, como Trento, reafirma a natureza sacrificial da missa 2. Cristo instituiu o S. eucarístico e o confiou à sua Igreja 17.72. O S. da missa perpetua o S. da cruz 2.72, é o S. eucarístico da Páscoa de Cristo 379, realiza a obra de nossa redenção 2, torna presente no altar o S. da cruz 296. O sacerdote oferece o S. vivo e santo 2.4.79.92. Diverso modo de oferecer o S. da cruz e o da missa 2. Os fiéis se unem ao sacerdote e ao mesmo Cristo na comum oblação do S. 5.11.78.79.96. Comungar com pão e vinho consagrados na mesma missa, porque se participa no S. que se está celebrando 85. *Cf. ofertório, oferecer*.

Sacristão, sacristia. Ofício litúrgico que tem o S. 105. O que se prepara na sacristia 119. Recomenda-se o silêncio na sacristia 45. Na sacristia, uma "piscina" para a água das abluções 280.334.

Salmo responsorial. Natureza e modo de realizar o S. 61. Se possível, cantado 61. Tem o valor de um rito em si 37. Ministério do salmista 102, que pertence à equipe que prepara a missa 352. Atua do ambão 309. Se não há salmista, di-lo o leitor 99. Não se pode trocar por um texto não-bíblico 57.

Schola (cantor).

Sede (cadeira do que preside). Sentido e qualidades da S. 310. Convém que esteja benzida 310. O sacerdote saúda o povo da S., da mesma diz a homilia 136, dirige a oração universal 71, permanece nela enquanto preparam o altar 178. Depois de comungar, pode ficar no altar ou ir para a S. 164 e daí dizer a pós-comunhão e despedir o povo 165. Deve haver outros assentos no presbitério para concelebrantes e demais ministros 294.310. Assentos para os fiéis 311.

Senhor, tende piedade (*Kýrie*).

Sequência. Quando é livre e em que momento se canta 64.

Silêncio. Sentido e momentos do S. na missa 45. Sentido do S. na liturgia da Palavra 55.56. Sentido do S. quando se convida para orar 54. Os fiéis acolhem a Palavra também com o S. 55. Unem-se à oração eucarística com o S. 78.147. Preparam-se para a comunhão com um momento de S., como

o sacerdote 84. Recomendam-se uns momentos de s[illegible] no ato penitencial 51, na oração coleta 54, depois das leituras 128.130, depois da homilia 66.136, depois da comunhão 88, na oração pós-comunhão 165. Também se pode responder na oração universal, em 71. A postura durante os [illegible] depois da comunhão 43.164. As intervenções presidenciais se escutam em [illegible]

Sinal da cruz. [illegible] o faz no começo da missa [illegible] [illegible] na oração eucarística [illegible] [illegible] [illegible] 225.

Turiferário. [illegible] na procissão de entrada [illegible]

Vasos sagrados. [illegible] 328-333. As [illegible] [illegible] para sua confecção [illegible] [illegible] [illegible] ou na credência [illegible]

[illegible] de hábito coral quando são concelebra[illegible] 310 sobre a forma e o material das vestes [illegible] as conferências dos bispos 343-344 [illegible] e pobres 344. As cores das V [illegible] [illegible] 345

Vinho. [illegible] A Igreja celebra a Eucaristia com pão [illegible] [illegible] [illegible] pelos fiéis [illegible] [illegible] e um pouco de água [illegible] [illegible] A comunhão com [illegible] [illegible] [illegible]

BIBLIOGRAFIA

AROCENA, F. La 3ª edición típica del Missale Romanum. *Phase* 255 (2003) 273-281.

AUGÉ, M. Il capitolo IX dell'institutio generalis tra adattamento e inculturazione? *Riv Liturg* 4 (2003) 533-547.

BARBA, M. La genesi istituzionale dell'editio typica tertia del Messale romano: *Not* 426-427 (2002) 56-62.

______. *La riforma conciliare dell'Ordo missae. Il percorso storico-redazionale dei riti d'ingresso, di offertorio e di comunione.* Roma, Ed. Liturg., 2002. XXII. 648 pp.

______. La nuova Institutio generalis del Missale Romanum. *Riv Liturg* 4 (2003) 513-532.

______. Le messe rituali, per altre circostanze particolari, votive e dei defunti nel nuovo Missale Romanum. *Eph Lit* 1 (2003) 15-52.

BRAGA, C. Punti qualificanti della IGMR. In: *Liturgia, opera divina e umana.* Roma, 1982.

______. L'"editio typica tertia" della IGMR. *Eph Lit* 5-6 (2000) 481-497.

______. Chiavi di lettura delle premesse al Messale Romano di Paolo VI. *Liturgia* 164 (2001) 150-162.

______. Il nuovo calendario litúrgico. *Ephem Lit* (2002) 285-297.

CANALS, J. M. Las adaptaciones que competen a los obispos. Un capítulo nuevo em la Institutio de la tercera ediciõn del Misal Romano. *Phase* 266 (2005).

CASTELLANO, J. El Triduo sagrado o Pascual. Detalles y aportaciones de la 3ª edición típica del Misal Romano. *Past Lit* 273 (2003) 111-121.

CASTELLANO, J. El Misal romano fuente de espiritualidad. *Past Lit* 278 (2004) 35-43.

CUVA, A. L'arricchita documentazione della "Institutio generalis Missalis Romani". *Ephem Lit* 5-6 (2000) 511-520.

DEL RIO, M. A. La nueva edición del Misal Romano. *Vida sobren.* 621 (2002) 206-214.

DIEZ, L. E. Missale Romanum. Editio typica tertia. *Past Lit* 277 (2003) 419-424.

______. La tercera edición típica del Misal Romano. *Past Lit* 279 (2004) 111-126.

EVENOU, J. Le Commun de la Vierge Marie dans le Missel Romain 2000. *Ephem Lit* 3 (2003) 257-285.

FARNÉS, P. El proemio de la Institutio del Misal de Pablo VI. *Phase* 106 (1978) 367-376.

______. Notas a la 3ª edición de la Institutio del Misal Romano. I: *Lit. y Espir* 1 (2001) 3-30. II, *Lit. y Espir* 5 (2001) 221-231.

______. ¿Cambios importantes en la nueva edición de la Institutio del Misal Romano? *Lit. y Espir* 3 (2001) 111-117.

______. La 3ª edición del Misal de Pablo VI. *Lit. y Espir* 5 (2002) 246-252.

FERNÁNDEZ, P. Historia del actual Misal Romano. *Lit y Espir* 2 (2004) 67-80.

______. Contenidos eucológicos del Misal Romano em su tercera edición típica. *Lit y Espir* 6 (2004) 287-295.

GIAMPIETRO, N. L'editio typica tertia del Missale Romanum. *Riv Past Lit* 3 (2002) 56-62.

GOÑI, J. A. Indicación de otras variaciones em la "Institutio generalis" de la 3ª edición típica del "Missale Romanum". *Ephem Lit* 2 (2003) 239-248.

______. Las plegarias eucarísticas de la reconciliación em la 3ª edición del Misal Romano. *Phase* 265 (2005) 7-35.

GUTIÉRREZ, J. L. Aportaciones del nuevo Misal Romano a la renovación litúrgica. A propósito de la tercera edición típica. *Scripta Theol* 2 (2004) 411-431.

HUELS, J. M. The new general Instruction of the Roman Missal: subsidiarity or uniformity? *Worship* 6 (2001) 482-511.

INSTITUTO SUPERIOR DE LITURGIA DE BARCELONA. La importancia del canto en la 3ª edición del Misal Romano. *Phase* 261 (2004) 251-257.

LESSI, M. La nueva "Institutio generalis" del Misal Romano. *Past Lit* 261 (2001) 19-44.

López, J. Celebrar la Eucaristia con el "Ordo missae" de la 3ª edición típica del Misal romano. *Past Lit* 279 (2004) 79-110.

Nebel, J. Die Editio typica tertia des Missale Romanum. Eine Untersuchung uber die Veränderungen. *Eccl Orans* 2 (2002) 265-314.

Russo, R. *Institución general del Misal Romano. Texto. Estúdios*. Montevideo, 2004., 248 pp.

Smolarski, D. *The general Instruction of the Roman Missal 1969-2002. A commentary*. Collegeville, The Liturg. Press, 2003. 76 pp.

Sodi, M. & Toniolo, A. *Concordantia et indices Missalis Romani. Ed. typica tertia*. Città del Vaticano, Libr. Editrice Vaticana, 2002. XVI. 1966 pp.

______. *Praenotanda Missalis Romani. Textus. Concordantia, appendices. Editio typica tertia*. Città del Vaticano, Libreria Editrice Vaticana, 2003. XIV. 808 pp.

Sorrentino, A. La editio typica III dell'Institutio del Messale Romano. *Liturgia* 165 (2001) 297-312.

Tamburrino, P. & Sodi, M. Una rinnovata Institutio generalis per la 3ª edizione del Missale Romanum. Interrogativi e prospettive. *Riv Lit* (2001) 19-31.

Tena, P. Ante la nueva Institutio del Misal Romano. *Phase* 241 (2001) 5-10.

Tran Van Kha, F. B. Le "Symbolum apostolorum" dans l' "Ordo missae" del' "Editio typica tertia" du Missel Romain. *Ephem Lit* 3 (2002) 298-306.

Valenziano, C. Dodici punti interrogativi su IGMR Editio typica tertia. *Eccl Orans* 1 (2003) 161-172.

VV. AA. Missale Romanum. La "novitas" della terza edizione latina. *Riv Lit* 4 (2003) 491-680.

Ward, A. Features and significance of the new chapter of the Institutio generalis Missalis Romani. *Eph Lit* (2000) 498-510 (el capítulo IX).

______. Final variants in the Institutio generalis of the third typical edition of the Missale Romanum. *Eph Lit* 3 (2002) 263-284.

______. The solemn blessings of the postconciliar "Missale Romanum". *Eph Lit* 4 (2004) 417-484.

SUMÁRIO

Paulinas

Rua Dona Inácia Uchoa, 62
04110-020 – São Paulo – SP (Brasil)
Tel.: (11) 2125-3500
paulinas.com.br – editora@paulinas.com.br
Telemarketing e SAC: 0800-7010081